木下レオンの

絶対開運

帝王占術

2024

講談社

２０２４年のあなたへ

本書を手にとってくださり、ありがとうございます。この本を通じてあなたとのご縁をいただけたことを、心からありがたく思っています。

本書を手にされたということは、来《きた》るべき２０２４年に様々な期待をお持ちでいらっしゃるのではないかと推察します。私はそんなすべての方々に２０２４年を素晴らしい年にしてほしいと願い、真心を込めて本書を上梓いたしました。

２０２４年の干支《えと》は「辰年《たつどし》」。２０２３年の卯年《うどし》は「草木がぼうぼうと茂った状態」を意味しますが、辰年はその草木が一気に成長し、辰のようにぐんぐん昇り始め、活気に満ちていく運を示します。ただし、その中で「うだつが上がる人」と「うだつが上がらない人」に振り分けられてしまうのがこの一年です。辰にてへんをつけると「振」という字になりますが、まさに「篩《ふるい》」にかけられ、辰年の守護本尊・龍神様に選《え》り分けられるのがこの年回りなのです。

ですから、２０２４年はまさに「うだつが上がるように過ごす」ことが大切です。

本書を今、お読みいただいているあなたには、このことをいつも念頭に置いて過ごしてほしいと思っています。２０２４年に入ったら一気に成長できるよう、ご自身も天に向かって枝葉を伸ばしていくことをイメージし、龍神様に愛される性格を目指せるよう心がけてください。

本書では、【帝王占術】を用いて２０２４年の運勢を様々な項目に分け、丁寧に占っています。「やっぱ愛やろ」は私が常々口にする言葉ですが、親孝行、先祖供養、感謝の気持ち――あなたが周りに愛と慈しみの気持ちを持つことができれば、あなた自身も周りの人や神様から、大きな「愛」を受け取ることができるでしょう。【帝王占術】であなたも自分を愛し、他人を愛し、感謝の気持ちを持って幸せな日々へと踏み出してください。あなたとあなたに関わるすべての人たちの２０２４年が、素晴らしいものとなるよう占っていきます。

木下レオン

CONTENTS

Part 1 帝王占術 2024年の運勢

Part

2

2024年の神様に運を授かる

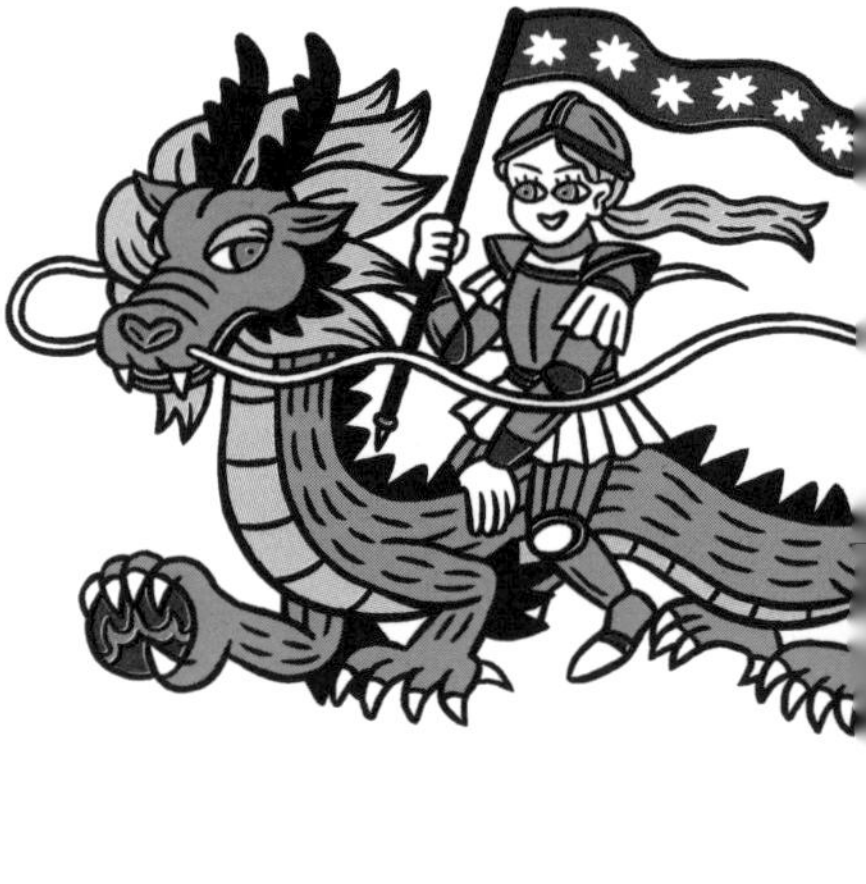

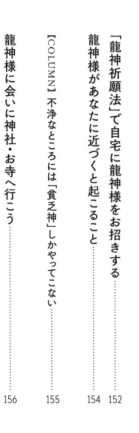

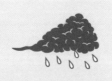

Part 3 ２０２４年の開運日を味方につける

帝王占術とは？

【帝王占術】は四柱推命《しちゅうすいめい》、九星気学《きゅうせいきがく》、神通力をベースに、帝王学と仏教の原理、木下家三代にわたって継承されてきた鑑定法を組み合わせ、これをより多くの方たちにお伝えするために私がわかりやすく確立したオリジナルの占術です。

【帝王占術】における鑑定で、私が最も大切にしているのが基本原理である「愛」です。私は占い師一家に育ち、幼少期から様々な占術を学ぶ環境に身を置いてきました。長じて仏門に入り悟りも学びましたが、すべてにおいて共通しているのが「愛」の大切さ。そして、普遍的で変わらぬ愛別離苦《あいべつりく》の原理です。

ですから鑑定にあたっては、あなた自身の運命や運勢だけでなく、あなたに関わる人たちの精神をも大事にしています。もう少し具体的にお伝えすると、「親孝行」「先祖供養」「感謝の気持ち」の３つを念頭に置き、占っています。この３つに共通する原理こそが「愛」であり、「人の想い」であると考えています。そうした想いを形にしたのが【帝王占術】です。

本書では『帝王サイン』として、あなたの生まれからご神仏を導きました。ご神仏を投影したあなたの運勢を解説し、２０２４年があなたにとってどんな年になるのか、何が起こりどのように展開していくのか、これからお伝えしていきます。

あなたが２０２４年を自信を持って歩んでいくために本書が役立てば、こんなに嬉しいことはありません。

レオン式

運気を上げる二つの柱

神様 ＋ 占い

占いで大事なのは第一に運の周期＝運勢をしっかり感じ取ること。誰の人生でも幸運ばかり続く、不運ばかり続くということはありません。「禍福《かふく》は糾《あざな》える縄の如し」という諺《ことわざ》がありますが、まさに幸運と不運は撚《よ》り合わせた縄のように交互に繰り返されるもの。占いで運勢をあらかじめ知っておき、運の周期を意識し、運がよいときに行動を起こすとよりよい運気を呼び込めます。自分が今、どういう時期にいるのか把握し、上手に活用すれば人生の好転、仕事の成功、恋愛・結婚の成就など、あなたが幸せになれる具体的な出来事を引き寄せることが可能になります。

私はかつて3年間仏門に入り、修行を重ねました。神様の恵みを感じ、運気を上げるには、神様からいただく功徳がとても大事と考えています。これは特定の信仰とは別物で、〝自分の心の中で神様に手を合わせることを忘れない〟という意味です。心の中で神様に手を合わせることでお力をいただくことが開運招福へと繋がるのです。しかし、幸運が続くときについ調子に乗ったりすると、神様はそれも見逃しません。結果、大きな不運に見舞われるといったことのないよう、自身の言動に対する戒めとしても、本書を役立ててください。

帝王サインの調べ方

❶ P012〜013の「基本数表」から、あなたの生まれた「年」と生まれた「月」の交差するところの数字を探します。

❷ ❶の数字に、あなたの生まれた「日」の数字を足し、合計が61以上なら60を引いてください。

❸ ❷で求めた合計数を「帝王サイン対応表」で探してください。

例 1989年7月15日生まれ

❶「基本数表」の1989年と7月が交わる欄の数字は「58」です。

❷「58」に生まれた日の数字「15」を足すと58＋15＝「73」。合計が61以上なので73－60=「13」が合計数となります。

❸ 左の「帝王サイン対応表」で「13」があるところの帝王サインを確認します。「13」の帝王サインは「大仏さん」となります。

あなたの合計数＝

あなたの帝王サイン＝

帝王サイン対応表

帝王サイン	合計数						ページ
おじぞうさん	11	17	32	38			➡P018
竜神さん	3	9	15	34	40	46	➡P028
風神さん	1	7	42	48			➡P038
おしゃかさん	5	44	50	53	56	59	➡P048
おふどうさん	51	52	57	58			➡P058
あまてらすさん	6	43	49	54	55	60	➡P068
えびすさん	2	8	41	47			➡P078
弁天さん	4	10	16	33	39	45	➡P088
雷神さん	12	18	31	37			➡P098
大黒さん	14	20	23	26	29	35	➡P108
ガネーシャさん	21	22	27	28			➡P118
大仏さん	13	19	24	25	30	36	➡P128

西暦/和暦		1月	2月	3月	4月	5月	6月	7月	8月	9月	10月	11月	12月
1932年	昭和7年	57	28	57	28	58	29	59	30	1	31	2	32
1933年	昭和8年	3	34	2	33	3	34	4	35	6	36	7	37
1934年	昭和9年	8	39	7	38	8	39	9	40	11	41	12	42
1935年	昭和10年	13	44	12	43	13	44	14	45	16	46	17	47
1936年	昭和11年	18	49	18	49	19	50	20	51	22	52	23	53
1937年	昭和12年	24	55	23	54	24	55	25	56	27	57	28	58
1938年	昭和13年	29	0	28	59	29	0	30	1	32	2	33	3
1939年	昭和14年	34	5	33	4	34	5	35	6	37	7	38	8
1940年	昭和15年	39	10	39	10	40	11	41	12	43	13	44	14
1941年	昭和16年	45	16	44	15	45	16	46	17	48	18	49	19
1942年	昭和17年	50	21	49	20	50	21	51	22	53	23	54	24
1943年	昭和18年	55	26	54	25	55	26	56	27	58	28	59	29
1944年	昭和19年	0	31	0	31	1	32	2	33	4	34	5	35
1945年	昭和20年	6	37	5	36	6	37	7	38	9	39	10	40
1946年	昭和21年	11	42	10	41	11	42	12	43	14	44	15	45
1947年	昭和22年	16	47	15	46	16	47	17	48	19	49	20	50
1948年	昭和23年	21	52	21	52	22	53	23	54	25	55	26	56
1949年	昭和24年	27	58	26	57	27	58	28	59	30	60	31	1
1950年	昭和25年	32	3	31	2	32	3	33	4	35	5	36	6
1951年	昭和26年	37	8	36	7	37	8	38	9	40	10	41	11
1952年	昭和27年	42	13	42	13	43	14	44	15	46	16	47	17
1953年	昭和28年	48	19	47	18	48	19	49	20	51	21	52	22
1954年	昭和29年	53	24	52	23	53	24	54	25	56	26	57	27
1955年	昭和30年	58	29	57	28	58	29	59	30	1	31	2	32
1956年	昭和31年	3	34	3	34	4	35	5	36	7	37	8	38
1957年	昭和32年	9	40	8	39	9	40	10	41	12	42	13	43
1958年	昭和33年	14	45	13	44	14	45	15	46	17	47	18	48
1959年	昭和34年	19	50	18	49	19	50	20	51	22	52	23	53
1960年	昭和35年	24	55	24	55	25	56	26	57	28	58	29	59
1961年	昭和36年	30	1	29	60	30	1	31	2	33	3	34	4
1962年	昭和37年	35	6	34	5	35	6	36	7	38	8	39	9
1963年	昭和38年	40	11	39	10	40	11	41	12	43	13	44	14
1964年	昭和39年	45	16	45	16	46	17	47	18	49	19	50	20
1965年	昭和40年	51	22	50	21	51	22	52	23	54	24	55	25
1966年	昭和41年	56	27	55	26	56	27	57	28	59	29	60	30
1967年	昭和42年	1	32	60	31	1	32	2	33	4	34	5	35
1968年	昭和43年	6	37	6	37	7	38	8	39	10	40	11	41
1969年	昭和44年	12	43	11	42	12	43	13	44	15	45	16	46
1970年	昭和45年	17	48	16	47	17	48	18	49	20	50	21	51
1971年	昭和46年	22	53	21	52	22	53	23	54	25	55	26	56
1972年	昭和47年	27	58	27	58	28	59	29	60	31	1	32	2
1973年	昭和48年	33	4	32	3	33	4	34	5	36	6	37	7
1974年	昭和49年	38	9	37	8	38	9	39	10	41	11	42	12
1975年	昭和50年	43	14	42	13	43	14	44	15	46	16	47	17
1976年	昭和51年	48	19	48	19	49	20	50	21	52	22	53	23
1977年	昭和52年	54	25	53	24	54	25	55	26	57	27	58	28
1978年	昭和53年	59	30	58	29	59	30	60	31	2	32	3	33

西暦／和暦		1月	2月	3月	4月	5月	6月	7月	8月	9月	10月	11月	12月
1979年	昭和54年	4	35	3	34	4	35	5	36	7	37	8	38
1980年	昭和55年	9	40	9	40	10	41	11	42	13	43	14	44
1981年	昭和56年	15	46	14	45	15	46	16	47	18	48	19	49
1982年	昭和57年	20	51	19	50	20	51	21	52	23	53	24	54
1983年	昭和58年	25	56	24	55	25	56	26	57	28	58	29	59
1984年	昭和59年	30	1	30	1	31	2	32	3	34	4	35	5
1985年	昭和60年	36	7	35	6	36	7	37	8	39	9	40	10
1986年	昭和61年	41	12	40	11	41	12	42	13	44	14	45	15
1987年	昭和62年	46	17	45	16	46	17	47	18	49	19	50	20
1988年	昭和63年	51	22	51	22	52	23	53	24	55	25	56	26
1989年	昭和64、平成元年	57	28	56	27	57	28	58	29	60	30	1	31
1990年	平成2年	2	33	1	32	2	33	3	34	5	35	6	36
1991年	平成3年	7	38	6	37	7	38	8	39	10	40	11	41
1992年	平成4年	12	43	12	43	13	44	14	45	16	46	17	47
1993年	平成5年	18	49	17	48	18	49	19	50	21	51	22	52
1994年	平成6年	23	54	22	53	23	54	24	55	26	56	27	57
1995年	平成7年	28	59	27	58	28	59	29	60	31	1	32	2
1996年	平成8年	33	4	33	4	34	5	35	6	37	7	38	8
1997年	平成9年	39	10	38	9	39	10	40	11	42	12	43	13
1998年	平成10年	44	15	43	14	44	15	45	16	47	17	48	18
1999年	平成11年	49	20	48	19	49	20	50	21	52	22	53	23
2000年	平成12年	54	25	54	25	55	26	56	27	58	28	59	29
2001年	平成13年	60	31	59	30	60	31	1	32	3	33	4	34
2002年	平成14年	5	36	4	35	5	36	6	37	8	38	9	39
2003年	平成15年	10	41	9	40	10	41	11	42	13	43	14	44
2004年	平成16年	15	46	15	46	16	47	17	48	19	49	20	50
2005年	平成17年	21	52	20	51	21	52	22	53	24	54	25	55
2006年	平成18年	26	57	25	56	26	57	27	58	29	59	30	60
2007年	平成19年	31	2	30	1	31	2	32	3	34	4	35	5
2008年	平成20年	36	7	36	7	37	8	38	9	40	10	41	11
2009年	平成21年	42	13	41	12	42	13	43	14	45	15	46	16
2010年	平成22年	47	18	46	17	47	18	48	19	50	20	51	21
2011年	平成23年	52	23	51	22	52	23	53	24	55	25	56	26
2012年	平成24年	57	28	57	28	58	29	59	30	1	31	2	32
2013年	平成25年	3	34	2	33	3	34	4	35	6	36	7	37
2014年	平成26年	8	39	7	38	8	39	9	40	11	41	12	42
2015年	平成27年	13	44	12	43	13	44	14	45	16	46	17	47
2016年	平成28年	18	49	18	49	19	50	20	51	22	52	23	53
2017年	平成29年	24	55	23	54	24	55	25	56	27	57	28	58
2018年	平成30年	29	60	28	59	29	60	30	1	32	2	33	3
2019年	平成31、令和元年	34	5	33	4	34	5	35	6	37	7	38	8
2020年	令和2年	39	10	39	10	40	11	41	12	43	13	44	14
2021年	令和3年	45	16	44	15	45	16	46	17	48	18	49	19
2022年	令和4年	50	21	49	20	50	21	51	22	53	23	54	24
2023年	令和5年	55	26	54	25	55	26	56	27	58	28	59	29
2024年	令和6年	0	31	0	31	1	32	2	33	4	34	5	35

月運とは？

２０２４年の運勢を一年という大きな括りで見ると同時に、毎月の運気の流れも意識して、日常をお過ごしください。本書では、帝王サイン別に「月運」を読むことができます。運は勢いであり、強ければそれに振り回され、弱ければ物事が停滞します。大事なのは自分の運の現在の「勢い」を知ること。月運を読み取り、把握する上で最も大事なのは、その強弱を理解することです。

月運を毎月の運勢として見るだけでなく、一年を通して俯瞰《ふかん》で見ることで、運の勢いの流れを知ることができます。そのために、本書では総合運、恋愛&結婚運、仕事&金運の３つの月運グラフをご用意しました。特にポイントとなる時期については、グラフ上でも強調しましたので、ぜひ参考にして心に留め置いてください。

月により、たとえば恋愛&結婚運はよいけれど、仕事&金運はよくないというときがあります。そうした月に、あなたが何をすればよくない運をカバーできるのか、各月の文章を合わせて読み、過ごし方の工夫をしてください。各月の運勢で何が起こるかを合わせて読むことで、日々を何となく流されるように過ごすことがなくなります。

運がよいときには行動を起こして物事の結果が出るようにします。運がよくないときには勉学に励み、自身を叱咤・邁進し、下降気味の運を補います。そうすれば運は開け始め、あなた自身の成長に繋がり、幸運ももたらされます。月運グラフの動きと合わせ、毎月の運のよしあしを知り、一年を通じて実りある日々を過ごしてください。

月運グラフの見方

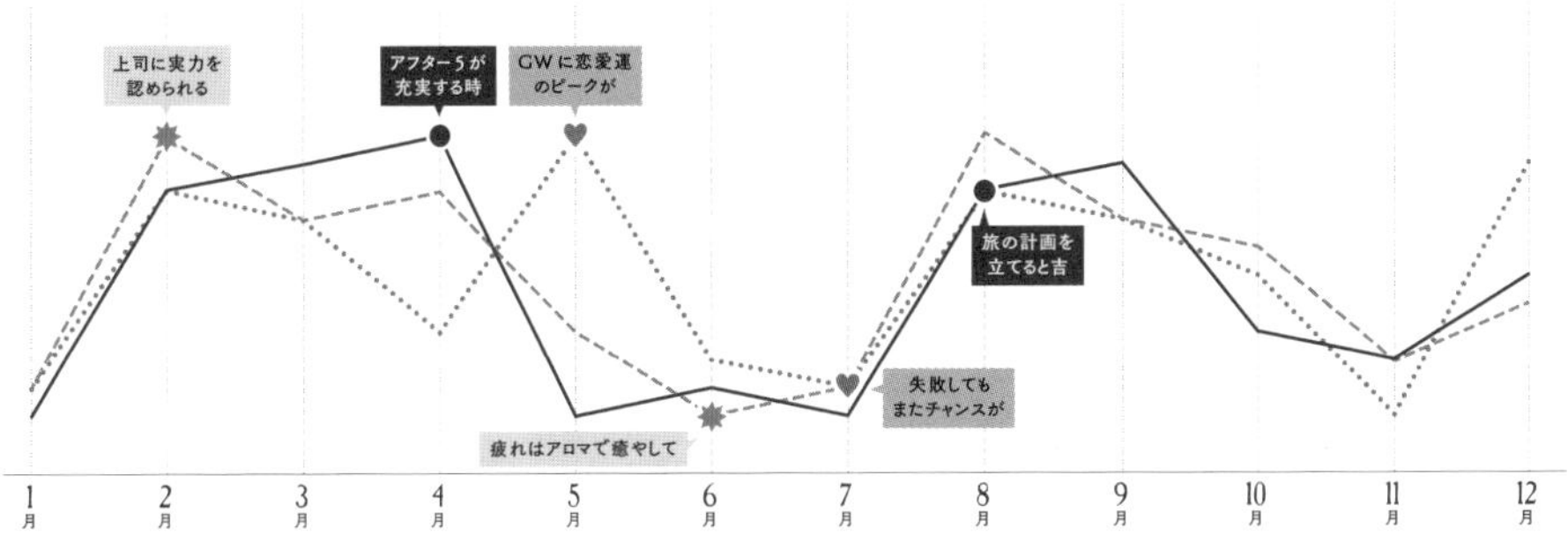

総合運

一年を通じての全体的な運気の流れを把握することができます。各月の運気を把握し、グラフが下降気味の月は、来るべき上昇する月に備え、準備をしておいてください。

恋愛&結婚運

新しい出会いや結婚のチャンスがいつ頃訪れるか、上昇気流にある時期がわかります。また、現在片想い中や交際中の相手との関係の変化や、転機の時期も確認できます。

仕事&金運

仕事や金銭面において充実の期間はいつになるのか、一年のグラフの動きからあらかじめ把握しておき、起業・転職などの転機を見定めるのに役立ててください。

吉方位とは？

方位とは陰陽《いんよう》五《ご》行説《ぎょうせつ》、十干《じっかん》、十二支、九星気学をベースに私たち人間が自然と調和して生きていくために考えられたもの。特に私の占いの指標の一つでもある九星気学では、吉方位を訪れると幸運が舞い込むとされています。私自身、吉方位に旅行したところ、これまでの悩みが解決し、吹っ切ることができました。独立開業した際は吉方位に店を構え、とても繁盛しました。いずれも吉方位のご利益だと思っています。

　このように、自分にとっての吉方位に引っ越しをしたり、旅をしたりすると心身が浄化されて運気が上がり、望む幸せを得ることができます。吉方位については各帝王サインの運勢の最終ページに掲載しています。

目的地を決める際、吉方位を確認してその方位に向かえば、吉方位の土地のよい気に触れて気持ちがすっきりし、運が上向き始めます。なお、吉方位は年、月、日ごとに刻々と変わりますし、ときには吉方位がない場合も。年と月の方位、どちらの影響力が強いかといえば、やはり長いスパンの年の方位になります。さらに、年と月の吉方位が重なれば運気はより強いパワーを発するので、ぜひ上手に活用してください。

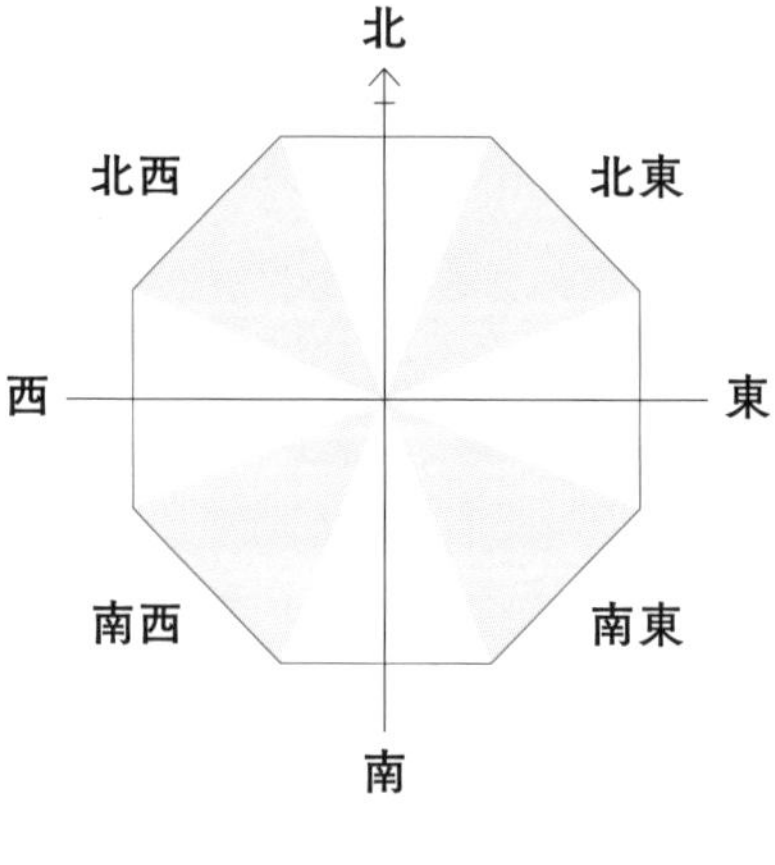

Part 1

帝王占術 2024年の 運勢

おじぞうさん

周りの誰からも
愛される
純真無垢な人気者

2024年の幸運メッセージ

過去から脱皮し、新しい自分を手に入れる一年に

成長のチャンス年。不屈の精神で自分を磨いて

努力は自分へのプレゼント。今が未来の土台に

合計数別 2024年にあなたが摑むチャンス

11	好奇心が旺盛になり、新しいことに興味が向く年。面白そうだと感じたら、お金を払ってでもその世界に飛び込んでください。過去に挫折したことへの再挑戦もおすすめします。今度は途中で諦めずに取り組み、中途半端に終わらせないことで成功を摑む一年に。
17	努力が買われて大役に抜擢される可能性があります。スムーズにはいかないかもしれませんが、それがこの年のあなたを磨く糧になります。これまでやってきた努力の成果を発揮すれば、怖いものはありません。地位や名誉、収入アップも大いに期待できます。
32	人の優しさに触れ、精神的な成長ができる年。この年のあなたは多少のトラブルにも見舞われますが、その時にできたご縁は間違いなく将来の糧になります。困ったときは一人で抱え込まずに、素直に周りを頼ること。また常に誠実な振る舞いを心がけてください。
38	学問や芸術などへの興味が広がる年。あなたの心が向かう先に開運のチャンスが。苦手だと思っていたことから思わぬ才能が開花する可能性も高い一年。ぜひとも実際に挑戦をしてみて。3年後、5年後の自分に向け、今できることを頑張るのが大事になります。

基本性格・総合運

古いものを手放すことで新しい運を受け入れる

赤い前掛けをつけ柔和な表情を絶やすことなく、いつも穏やかな姿で立つ地蔵菩薩。袈裟をまとった僧侶姿は多くの人から愛され、目にすれば自然に手を合わせたくなる存在です。帝王サインが「おじぞうさん」のあなたも真っ直ぐで偏見を持つことがなく、人気者の資質を備えています。あなたは責任感が非常に強く、自分に任されたことは何があろうとやり遂げようとします。人から頼られるのも好きで、お人好しなほどに尽くします。

そんなおじぞうさんの２０２４年は安定した運気に恵まれ、大きな浮き沈みもなく努力の分だけ報われます。この時期に次の目標に向けて準備すると、翌年以降の運気に弾みがつきます。断捨離にもよい年。思い切った決断をすれば、物だけでなく、今抱えている苦しい物事や人間関係などをきれいに整理できます。自然と離れていくものもあれば、自ら手放すものもあり、あなたにとって必要なものだけが残ります。

新たな挑戦のための準備を整えたり、不要なものを手放したりする場面が増え、少々忙しくなる年ですが概ね大きな運気の乱れはありません。どんなときも諦めず努力をし続けることです。どうしても迷ったときは、「何となくこうしたい」といったあなた自身の直感に素直に従うと、望んだ通りの結果を引き寄せられます。この年は試練が訪れる場面もありますが、それはあなたを成長させてくれるチャンスに。問題や困難を遠ざけず乗り越える勇気を持てば、実力を高められ、後の成功へと繋がります。

出会いを求める人の　恋愛・結婚運

自分を磨けば
恋のチャンスも磨かれる

これまでの恋愛観がガラリと変わるような、新しい流れがやってきます。昔の恋愛を引きずっている人は、身も心もリニューアルし、新しい恋に進むことができます。

とはいえ、電撃的に変化することはないのでご安心を。序盤から少しずつ緩やかに運気が高まり、自然な流れで意識が外へと向かっていきます。まず仕事や勉強への意欲が高まるため、恋愛からは一歩距離を置くことになるかもしれませんが、実はそこからご縁が広がっていきます。自己啓発や自分磨き、仕事のための勉強など、自分を高めようと同じ志を持つ人が恋の相手になります。今までの好みのタイプとは違う可能性が高いので、第一印象はイマイチかもしれませんが、次第に関係が深まります。

また、出会いの数は一つではありませんので、活動範囲はどんどん広げていくべき。たくさんのご縁の中から自分だけの宝石を見つけてください。

おしゃかさん

この一年、おしゃかさんの世話をすることがおじぞうさんの喜びに。それをわかっていればとてもよい関係を築くことができます。

おふどうさん

一年を通じ、おじぞうさんを適度な具合でサポートしてくれるおふどうさん。穏やかな友人関係からゆっくり恋へと進展する可能性が。

あまてらすさん

一途なあまてらすさんの想いがおじぞうさんにとって少し重く感じる年に。適度に距離を置くことがよい関係を築くポイントです。

大黒さん

互いに惹かれるけれど無意識に傷つけ合ってしまう年に。大黒さんに言葉をかけるときはオブラートに包むことが大切です。

ガネーシャさん

瞬間的にならバッチリの相性の年になります。しかし互いに努力しないと長続きは難しい関係です。どうするかはおじぞうさん次第。

大仏さん

同じ目標を持つことで心の絆が深まっていく年です。互いに高め合い、刺激し合える関係性を目指すとよい関係を維持できます。

恋をしている人の 恋愛・結婚運

お互いの気持ちが自然に伝わり合う年に

思い切った決断をすることがよき恋愛運を手に入れるきっかけになります。安定した運気に恵まれているため、前向きに行動した分、しっかり報われます。今現在の片想いの恋を辛いと感じているなら、この年は意中の相手に対し、変に意識しすぎず素直な態度で接するようにすれば、やがて向こうからアプローチされる機会が訪れます。

あなたから積極的にアクションを起こしたりせず、あくまで自然体でいれば、お互いの気持ちが伝わり合う日が来ます。万が一、あなたの希望通りにならなかったとしても、翌年以降、恋愛運はさらに伸長の兆しが。

付き合っている相手がいる場合も、2024年は新しい生活が始まる可能性がとても大きい一年です。同棲や結婚など環境が変わったり、家族が増えたり、何かしらの変動が予想されます。トラブルの可能性も若干ありますが、絆があれば乗り越えていけます。自分を信じて思う方向へと進んでください。

帝王サイン別　2024年の相性早見表

おじぞうさん

似た者同士で気が合う半面、恋愛関係に発展しにくい一年。友達以上恋人未満になりやすいのですが、友人としてならうってつけ。

竜神さん

竜神さんの方から好意を寄せてくれる可能性が高い年回りです。おじぞうさんは自信を持ってゆったりマイペースで応じてあげること。

風神さん

この年のおじぞうさんにとって、恋をするなら理想の相手。少しでも接するチャンスがきたら積極的に声をかけるようにしてください。

えびすさん

共通点があるかどうかで距離感が左右される年回りに。この年、仲良くなりたいならえびすさんと同じ趣味を持ち精神面から接近を。

弁天さん

癒やしを求めてやってくる弁天さんを鬱陶しいと思いながらも、優しさを理解し受け入れる年に。ほのぼのとした交流が楽しめます。

雷神さん

互いに惹かれ合いながらもプラトニックな関係で終わる一年です。自由な雷神さんをおじぞうさんは遠くから見ているだけで満足。

仕事運

翌年以降の運気のため基礎固めをしっかりと

比較的安泰で、自分のことに集中できる年です。仕事の成果が飛躍的に上がるというわけにはいきませんが、大きな変動がない分、時間や仕事のコントロールがしやすいときです。

また、今までの流れから新しい展開に進んでいく「切り替わりポイント」の年でもあります。

この年どれだけ頑張ったかで翌年以降の運気も変わっていくので、ぜひ自分磨きに積極的に取り組み、基礎を固めておいてください。

仕事に役立つ資格取得やセミナー、

金運

努力した分報われる。身辺の整理を行って

あなたが努力した分だけ報われる年になります。よくも悪くも自分でお金の流れをコントロールできるので、大きく困ることはありません。ただし、努力した分は確かにしっかりと報酬に繋がりますが、逆に怠けたら怠けた分だけ収入が少なくなってしまいます。投資や貯蓄をするなら、情報収集や戦略を立ててぜひとも利益に繋げてください。

また、この年は使っていないものや古くなったものがあれば思い切って整理することが開運に繋がります。身の

人間関係

執着は捨てて自然の成り行きに身を任せて

今まで一緒に過ごしていた仲間と転勤や引っ越しなどの物理的な理由で離れたり、親兄弟や友人など身近な人と思うように会えなかったり、状況によっては不安や寂しさを感じることがあります。しかし、本当にあなたに必要な人とはたとえ時間や距離の隔たりがあったとしても、ご縁が切れることはありません。次の再会を信じて待ってください。あなたにとって大事な人たちとは直に会えない分、ＳＮＳなどでマメに連絡を取ることをおすすめします。

この年は人間関係で大きなトラブル

異業種交流会への参加があなたの視野を広げるのに役立ちます。転職は情報収集と準備に力を入れ、タイミングがきたらすぐに動けるようにしておいてください。

合計数別 2024年の 仕事での活躍

11	高い理想を持つことがあなたの成功の秘訣になります。遠慮をせずに、大きな夢や目標を持ってよい一年です。有言実行を心がければ、当然夢は現実のものになります。
17	悩んだときは初心に返ることを心がけてください。自分がどんな仕事をしたいのか、将来どうなりたいのか、落ち着いて己の心と向き合うことで解決の道が開けます。
32	公私共に行動範囲を広げて、自分の中に新しい風を取り込んでください。新鮮な交流は、あなたの心にも仕事にも素晴らしいエネルギーを与えてくれます。
38	目に見える成果よりも、自分の内側の充実度や成長に注目をしてほしいとき。失敗は気にしないこと。この一年の頑張りはすべて翌年以降のチャンスに変わります。

回りのスペースを空けておくことで、より幸運を手に入れることができるのです。リユースに出したりフリマアプリを利用したりしながら、賢く処分してください。

合計数別 2024年の お金の増やし方

11	収入を増やすよりもお金の流出を抑えることが大事。まずは手数料やコンビニ散財をチェックし、本当に必要なものにお金をかけるように、意識を向けてください。
17	この年は無理な冒険はせず、現状維持に努めることが金運を上げることになります。お金に関して学び、知識を蓄えて、貯蓄を増やす準備を行ってください。
32	自己投資や大切な人に使うお金は、ためらわずに奮発して。経験に勝るものはなしです。この年得た知識や人脈は、今後お金を引き寄せる呼び水になってくれます。
38	得意分野や才能が花開き、お金を生む可能性があります。未熟だからという遠慮は禁物です。自信を持って「仕事」として活かし、お金に繋げてください。

が起こる可能性は低いのですが、執着したりこだわりすぎたりするとこじれてしまい、苦しい状況が長引く恐れが。自然な流れを受け入れ、心身共に身軽になることを心がけてください。

合計数別 2024年の 家族との関係

11	長時間一緒に過ごすとお互いにストレスが溜まります。短時間でも心が通えば全く問題なく、むしろ有意義に過ごせます。各々の時間を大切にしてよい距離感を保って。
17	気心の知れた関係ほど礼儀を大切に。「やってもらって当たり前」ということはありません。感謝の気持ちを言葉や態度で示し、心地よい関係を保つよう心がけて。
32	愛情は心の中で思っているだけでは伝わりません。この年は身内へのサービス期間と位置づけること。食事を奢ったりプレゼントをしたりしてサプライズで楽しませて。
38	虫の知らせを感じやすいとき。なんだか気になることがあったらすぐ連絡を入れてください。何かあれば素早く対応できますし、何もなくても〝安堵〟できます。

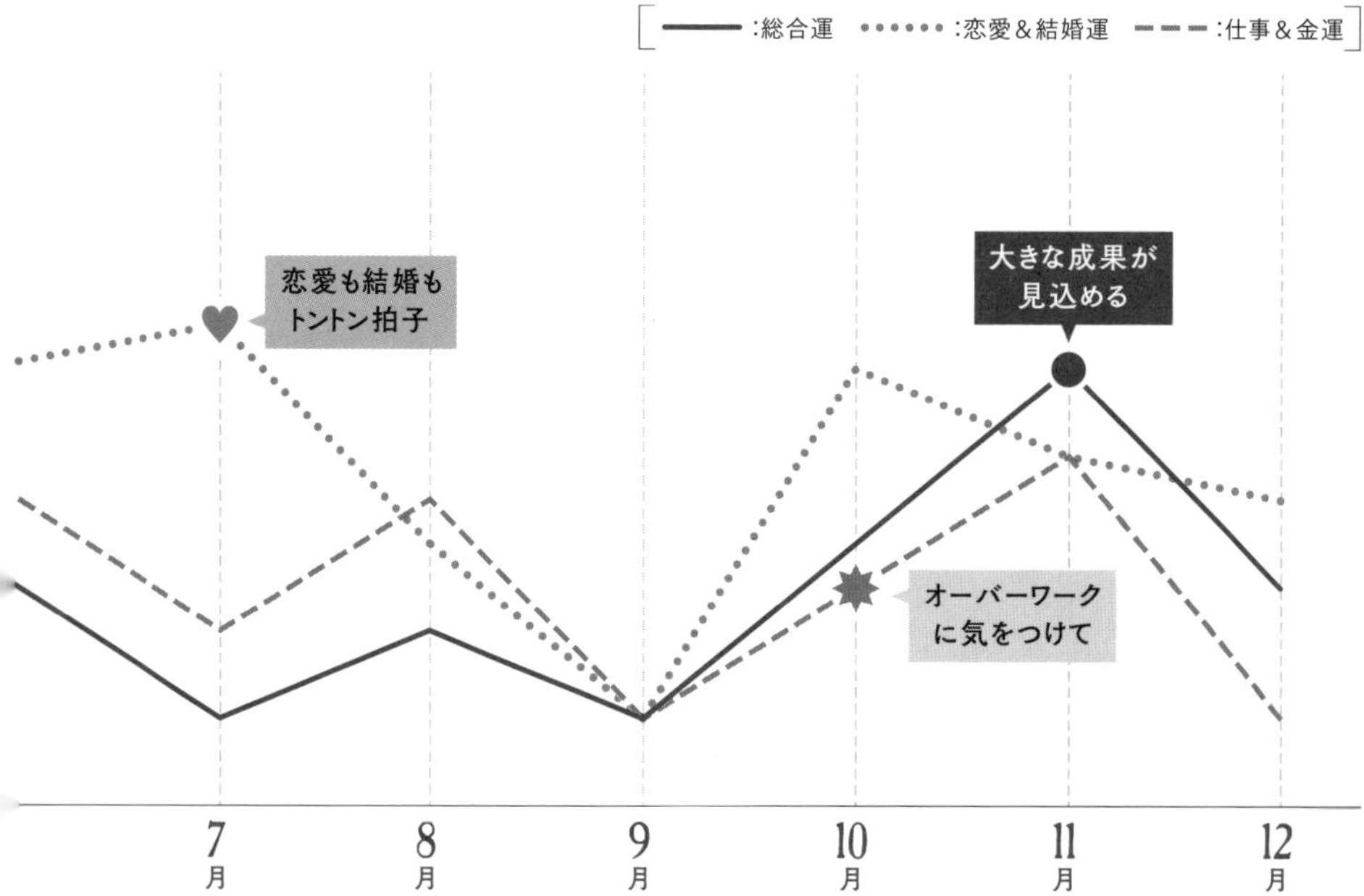

4月

好奇心が旺盛になりあれこれ手を広げたくなります。ただし、うまくいかないと途中で諦めがちな面も出るので注意。一つのことを最後までやり遂げるよう心がけること。

5月

運気は少しずつ上向きに。計画を立てるか、現在取り掛かっていることを最後までしっかりやり遂げるようにして。それ以外はおとなしくしていてOK。

6月

全般的に勢いがあり、強運の波に乗っていけるとき。ただし急ぎすぎる必要はありません。落ち着いて堅実に動くことが成功を掴むポイントになります。深呼吸を忘れずに。

10月

運気は徐々に上向きに。積極的に動き出すタイミングの月です。こうと決めたら自信を持ってまっすぐ進んでOKです。情熱が道を切り開くエネルギーとなります。

11月

運気は全般的によく、今年一番勢いのある月。仕事運が上昇し、周りから注目されます。努力するほど伸びる時期なので、精力的にスキルアップに取り組んでください。

12月

多忙になり精神面の余裕がなくなります。疲れが健康に影響しやすいので、静かに過ごす時間を増やし、健康第一で過ごすこと。バスタイムやプライベートタイムの充実を。

2024年の月運

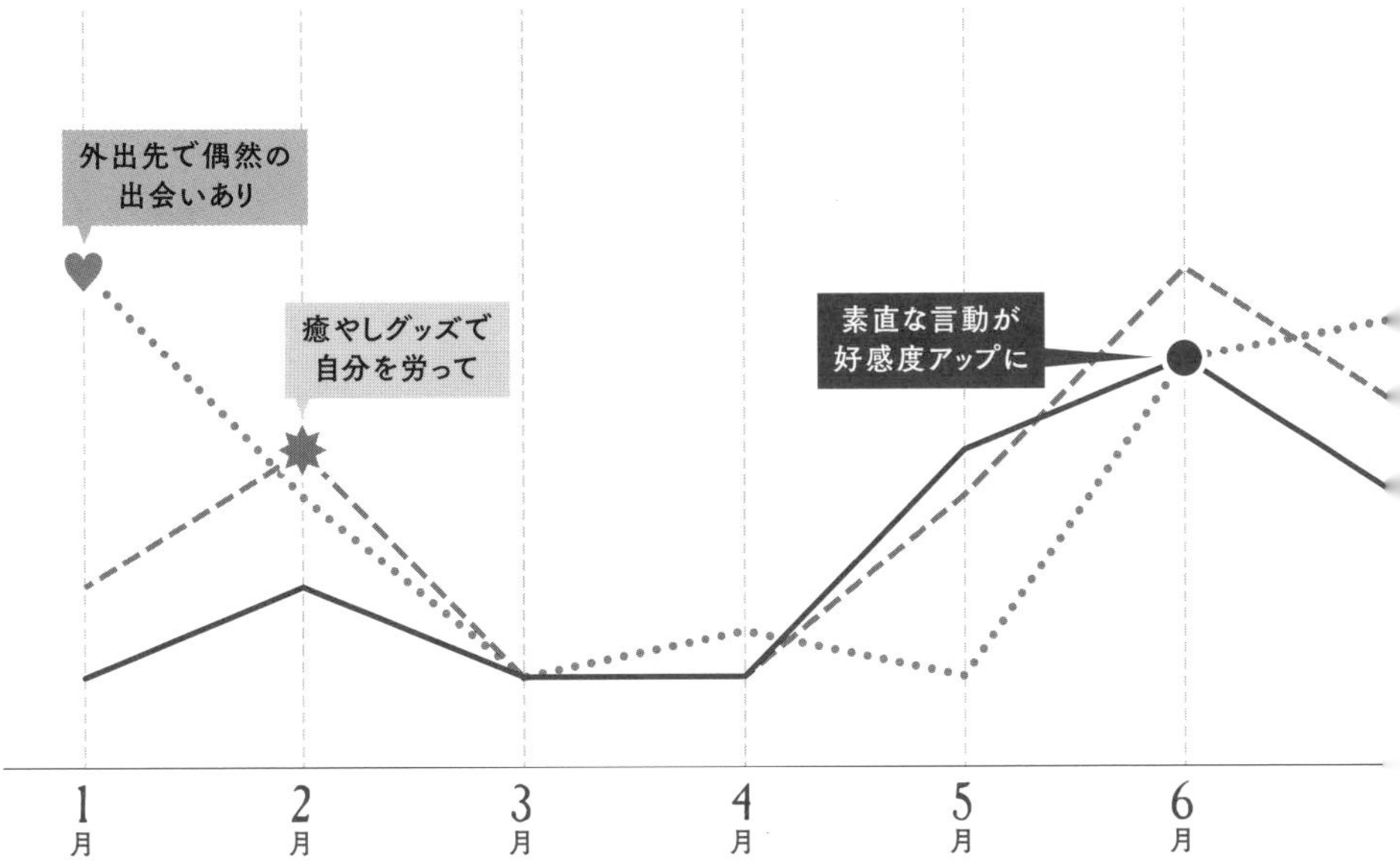

2024年　月ごとの一言アドバイス

1月

恋愛運は非常によいけれど、運気は少し下降気味。仕事はやる気を失い、虚ろな気分になりやすいときです。周囲の前向きな人を見習って、意識的に気持ちを立て直して。

2月

運気はやや停滞気味。仕事面でこだわりが強くなる分、強いパワーを発揮できます。難しい場面でも辛抱強く取り組めるので、この月は自信を持って進みましょう。

3月

思うような結果が出ず、不安になりやすいとき。しかし心配事は取り越し苦労で終わります。何事も丁寧に取り組んで進めば問題なし。月末にいくにつれ挽回できます。

7月

努力が実を結ばず苦しい状況になりがち。一人で抱え込まず周りに話を聞いてもらってください。ただし唯一恋愛運は好調なとき。悩み相談から恋が芽生える可能性も。

8月

何事につけ区切りのとき。こだわりを捨てて、仕上げに専念するとよい結果が出ます。特に仕事についてやりかけていることがあれば、一段落させるように進めてください。

9月

物事が理想通りに進まないことが多い月ですが、「こんなときもある」と割り切ることも必要です。無理せず様子見しながら進んで。ストレス解消の時間を増やすこと。

2024年

おじぞうさんの取扱説明書

POINT 1

優しく見守りつつ応援を

外からは穏やかな凪《なぎ》状態に見えるかもしれませんが、実は心の中では大きな変化を前に余裕がない状態にいます。目の前のことに集中している証拠なので、心の中で応援しながら温かく見守ってあげてください。身近で優しく支えていれば、いずれあなたの大切さに気付いてくれます。

POINT 2

同志となり共に高め合って

好奇心・向上心が高まり、新しい刺激を求めて動き出そうとします。ぜひあなたも一緒に新しい世界に飛び込んで、時間を共有してください。結果、さらにおじぞうさんと共通の趣味や目標を持つのもよし、それぞれの道を求めるもよし。励まし、高め合える存在になると、喜ばれます。

POINT 3

聞き役になると密な関係をキープ

ときに一人で問題を抱え、悩んでしまうことがあります。人は悩んだとき、誰か話せる相手がいることで気持ちが明るくなるものです。聞き役になったり、あなたからも悩みを打ち明けてみたりして、密なコミュニケーションをとってください。あなたの誠実さがおじぞうさんの心を支える要《かなめ》になります。

2024年の

年の吉方位

北東　南　南西

月の吉方位

1月	2月	3月	4月	5月	6月
北東	南	北東、南、南西	北東、南、南西	南	北東、南西

7月	8月	9月	10月	11月	12月
南西	南	北東、南西	北東、南西	南	北東、南西

ラッキーカラー＆アイテム

ラッキーカラー

- ホワイト
- シルバー
- チャコールグレー

ラッキーアイテム

- 手鏡
- 花瓶
- 《宝石》水晶

竜神さん

駆け引きなし！
正義感溢れる
まっすぐな人

2024年の幸運メッセージ

物事の見方や
捉え方を変えると、
見える世界に変化が

じっくり将来設計が
でき、明るい未来に
期待も高まる一年に

一人で抱え込まず
人に上手に頼れば、
信頼も絆も深まる

合計数別 2024年にあなたが掴むチャンス

3	周りに合わせることをやめ、自分らしさを全開にしていく一年に。自分の中に眠る高い創造性を包み隠さずに表現すると、思いがけないところからチャンスが到来します。
9	嫌なことを避け、楽しめることだけに集中するようにしてください。ただひたすら楽しんでいるだけで不思議と注目が集まり、そこから大きな人脈や金脈に繋がっていきます。
15	直感が冴え渡っています。今この瞬間だ、と思ったら迷わずに行動に移すとすべてがうまくいきます。さらに、それを繰り返すとますます勘が研ぎ澄まされていきます。
34	納得のいかないこと、理不尽なことには我慢せず立ち向かってください。自分の信念に沿って行動すれば、たくさんの応援者が現れてあなたの後押しをしてくれます。
40	面白いアイデアが湧いたらすべて書き留めておき、折に触れて人に話すようにしてください。そこから思いがけない方向に話が進み、大きな収入が手元にやってきます。
46	普段は補佐役として有能ですが、この年はリーダーとして力を発揮できます。そうすることであなたが持つ才能が広い範囲で認められ、あちこちからお呼びがかかるように。

基本性格・総合運

じっくりと未来を見据え 新たな一歩を踏み出すとき

天地を自由に駆け、水の神様でもある竜神。帝王サインが「竜神さん」のあなたは、自分のやりたいことには情熱を持って、竜のごとく突き進みます。そして素直で何事に対しても誠実であり、正義感が強い人です。わかりやすい性格で、何事も答えをはっきりさせたがります。駆け引きができず常にありのままの自分をさらけ出しますし、そんなあなたに好感を持ってくれる人が周りにもたくさんいます。

2024年の竜神さんはようやく多忙な時期を過ぎ、穏やかに過ごせる一年を迎えます。心身共に落ち着き、先を見通す目が養われることから、今後の計画を練ったりやるべきことをきちんとこなしたりするのに最適な年。正確に物事を処理することができ、周りからの信頼が厚くなります。この年は自分自身に目を向けやすくなり、周りに流されることなく、自分が何をやりたいのか、どうするべきかが見えてきて、迷いなく行動を起こせます。それにより、将来の目標を達成するために大きく一歩前進できます。自分にとって必要なことや足りないものが明らかになり、それを補ったり伸ばしたりするために地道に努力できるのです。すぐに結果を求めるより、長期的な目標を立てて努力をすると報われやすい一年です。

決断を急ぎすぎるとチャンスを逃すため、事態を冷静に見極めることが必要。それを守れば、誤った判断を下すことなく、順調に成果を上げて成功へと近づけます。大胆な行動には不向きなときですが、何事も丁寧に取り組めば、運気が味方します。

出会いを求める人の｜恋愛・結婚運

素直な自分を表現できると素敵な出会いが

これぞ、というドンピシャの出会いがあなたに訪れます。相手に対して素直になることができればスムーズに関係は進展しますが、自分の立ち位置を相手より上に保とうとして駆け引きをすると、本当の自分が出せずに途中で苦しくなってしまいます。ピンとくる出会いがあったら、むしろ素直な自分をさらけ出す方が相手からの好感度も上がります。

ただ、実は人に対する警戒心が強いあなたは、信頼できる相手にしか腹を割ることができません。ですから日ごろ親しい友人や親類、職場関係の人からの紹介で出会いの機会を作るようにしてください。仲介者が信頼のおける人であれば、穏やかで楽しい恋愛ができる相手を見つけやすくなります。

加えて寂しがりやなので、常に自分を構ってくれる相手でないとなかなか距離が縮められません。言わなくてもわかってくれると思わず、小さなことでも伝える努力を忘れないことで恋愛を長続きさせられます。

おしゃかさん

おしゃかさんの個性的で孤高な部分に惹きつけられるも、一緒にいると竜神さんばかりが気を遣い、合わせることに疲れてしまうとき。

おふどうさん

この年、スタイリッシュなのに繊細さを感じさせるおふどうさんを竜神さんは守ってあげたくなりますが、構いすぎると不穏な空気に。

あまてらすさん

一年を通し、竜神さんがあまてらすさんに合わせられている間はよいけれど、正論を押し付けてくる相手を次第に口うるさく感じます。

大黒さん

一緒にいると楽しいのだけれど、付き合いが長くなると自分がうまく利用されているように思えて不満が募るようになるとき。

ガネーシャさん

自分にはない強さに惹きつけられ、好かれるためにあれこれ頑張ってしまう一年に。一緒にいるとこの上ない安心感が。

大仏さん

時間はかかるものの、次第に心を通じ合わせることができ、深い信頼へと繋がっていきます。結婚を意識しやすい一年に。

恋をしている人の 恋愛・結婚運

二者択一のとき。しっかり相手を見極めて

今後の地盤を固めるためによい時期です。曖昧な関係だった人は正式に交際することになり、恋人がいる人は結婚話が浮上することが多くなります。新たにお付き合いを始めるという場合にも、結婚前提という話が出やすくなっていきます。ただし、焦って決める必要はありません。じっくりと相手を見定め、会話を重ねて意思の疎通をしたうえでずっと一緒にいられると確信できたら、初めて先に進むようにすると幸せが約束されます。

一方で、合わないと感じつつも何となくだらだらとお付き合いをしていた相手とは、決別がやってきます。将来の自分のことを考えたときに、この先ずっと隣にいることに違和感があるのなら思い切って関係を清算することも大事です。

長い片想いが続いている場合にも、改めてどこを好きになったのかを振り返ってみると、「あれれ、何で好きだったのかな?」と、我に返って想いが冷めることもあります。

帝王サイン別　2024年の相性早見表

おじぞうさん

この年、互いの個性を認め、許容し合える2人は一緒にいてとても楽な関係をキープ。たとえ相手に振り回されても楽しく過ごせます。

竜神さん

一緒にいると2人とも肩の力が抜けて素の自分に戻ることができる年。ただ刺激がないために長くいると飽きてしまいます。

風神さん

自分を見てほしいという風神さんの望みを竜神さんが叶えてあげればご機嫌。信頼されて、風神さんがとても大事にしてくれます。

えびすさん

積極的なえびすさんに引っ張られるようにしてお付き合いが始まる一年。2人の違いを面白がることができれば長くよい関係に。

弁天さん

この年、最初は頼り頼られる関係が心地よいのに、親密になればなるほど互いにストレスを溜め込んでしまいます。適度な距離が大事。

雷神さん

一年を通じ、一緒にいると不思議とリラックスできます。竜神さんからのアプローチで交際が始まるとゴールイン率が高い相性です。

仕事運

やりたいことに的を絞ると成功に繋がる

体力、気力に任せて勢いで進んできましたが、ここからは少しペースダウンをすることです。自分が切り開いてきた道を振り返りながら、今後本当に続けていきたいことを選別してください。そうすることで、イマイチ結果が出なかった、ということについては思い切って切り捨てる勇気も持つことができます。

いらないものを削ぎ落として、自分がやりたいこと、得意とすることだけに邁進していくと充実感も結果も得られます。

金運

安定感のある一年。この時期に将来設計を

新しく収入源を増やしたり、投資を始めたりするよりは、今まで行ってきたことをコツコツと続けていく方が、最終的に手にするお金が増えることになります。

ガツガツしなくても、必要な分のお金は不思議と流れ込んでくるため、苦労はしなくて済みます。この年は挑戦よりは守りの時期と心得て、あらゆることに対し、堅実さを大事にすることを意識してください。

収入も安定していますが、出費も同様に安定しており、突然の大きな出費

人間関係

無理しない姿勢が良好な人間関係を作る

あなたは人との繋がりを大切にするがゆえに、何とかしてあらゆる人とわかり合おうとしがちですが、この年はいい意味で諦めを覚えることが重要になってきます。無理に自分を受け入れてもらおうとしなくていい、無理に相手を受け入れなくてもいい、と割り切ることができれば、かえって人との絆が深まっていきます。あまり近づきすぎず、一線を引いて他人と接するように心がけてください。

人脈も広げるのではなく、今あるものを大切にし、合わないと感じる人と

おじぞうさん
竜神さん
風神さん
おしゃかさん
おふどうさん
あまてらすさん
えびすさん
弁天さん
雷神さん
大黒さん
ガネーシャさん
大仏さん

特に、他人と競争しなければ勝ち残れないような仕事は神経をすり減らすだけになるので、手放して大丈夫。無理に競争に参加しなくても、独自性だけで勝負をすることができます。

合計数別 2024年の 仕事での活躍

3	興味があることを片っ端から学ぶと、楽しんでいるうちに知識豊富になり、ステップアップのきっかけに。
9	プライベートを充実させると不思議と仕事もバリバリこなせます。趣味が仕事に役立つこともあります。
15	一人でできる仕事もあえて割り振るとかえって喜ばれ、結果的に人望と結束力がぐっと高まります。
34	行動しながら考えることを習慣にすると、あなたにしかできないスピーディーな成果を手に入れられます。
40	部下や同僚の世話を焼きながらも自分の仕事はきっちりこなすその姿に、周囲からの評価が高まります。
46	チームプレイは本来苦手ですが、周囲の世話を焼きつつ自分の仕事はきっちりこなすため、人望が集まります。

の心配はありません。運気が落ち着いている今のうちに将来設計を立てておくと、この先も慌てずに済みます。そのため、金銭面での長期的なライフプランの見直しもおすすめです。

合計数別 2024年の お金の増やし方

3	一時的な大金を得ることを狙わず、堅実な方法を取る方が結果的に貯蓄も収入も増やすことができます。
9	お金になる、と直感で思った仕事などに巡り合ったら、少しずつ準備を。地道に努力しておけば成功率は高まります。
15	効率を上げることに情熱を傾けると、負担が軽減して収入がアップします。何かを始める前には綿密な計画を。
34	何事も短期集中を意識するとお金の流れがよくなります。思いつきで行動しても成功率が高まるときです。
40	自分の中に眠る才能を解放するタイミングです。アイデアを形にすることに専念すると、金脈が広がります。
46	無理に周りに合わせず、本当に興味を持てることに集中してください。入ってくる情報が変わり、金運もアップ。

は思い切って疎遠になるくらいがちょうどいいのです。こうして精査していくと、結果、理想的な人間関係に恵まれて、納得のいく幸せな毎日を送れるようになります。

合計数別 2024年の 家族との関係

3	依存せず、それぞれが自立した関係を構築するよう心がけると、むしろ家族内の結束が高まります。
9	困ったときこそ思いっきり頼っていいのです。助けられてこそ家族のありがたみを感じられます。
15	誰かに対する不満を溜めすぎると、みんなの雰囲気が悪くなります。日頃から小出しにしていくことが大事。
34	「言わなくてもわかる」は間違い。家族だからこそきちんと意思表示をすることで、相互理解が進みます。
40	みんなのまとめ役であり、お世話役であっても、ときには疲れるもの。素直に感情を出すことも必要です。
46	常日頃、家族に笑顔を提供する役割を担うことが多いあなた。でも気が進まないときはその役割を一旦ストップ。

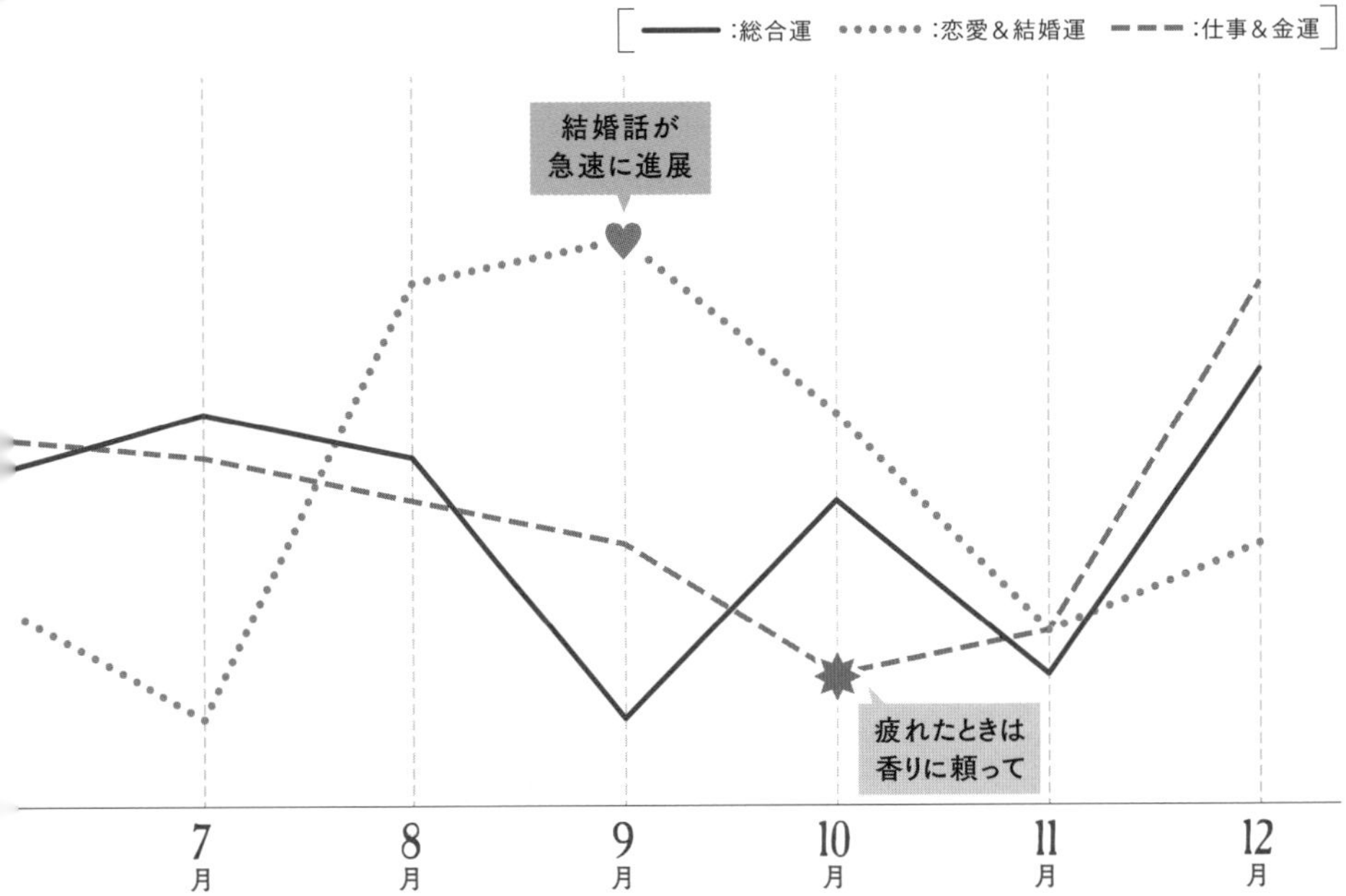

4月

勢いだけで乗り切ろうとするとボロが出ますが、じっくり向き合うようにすると、足場が固まります。特に仕事は慎重に取り組んで。慎重になるほど結果が出せる月。

5月

運を味方につけることができる好調月です。どんなシーンでも自信満々に振る舞ってOK。成功を収めても謙虚な態度でいることが、さらに運の応援を受ける鍵に。

6月

自分を磨くことに専念すると、後々大きく幸運となって返ってきます。学び直しにもいい時期です。気になるテーマがあるなら、情報集めなどの準備を始めて。

10月

長いトンネルを抜け、明るい未来が目の前に広がる気配。新しいことを始めるにはもうしばらく慎重な行動を。恋愛面は好調期が続き、楽しい出来事が起こる予感。

11月

未来を見通す力はあるものの、決断力に欠ける月。この月はプランを立てるところまでにし、実行するのは次月以降に。周囲と協力することで自身の力不足を補えます。

12月

自分を客観的に見ることでベストなポジションを確立でき、居心地のよい環境で成長できます。仕事面で結果を残し、同時に金脈もすくすく育ちます。恋愛面もまずまず。

2024年の月運

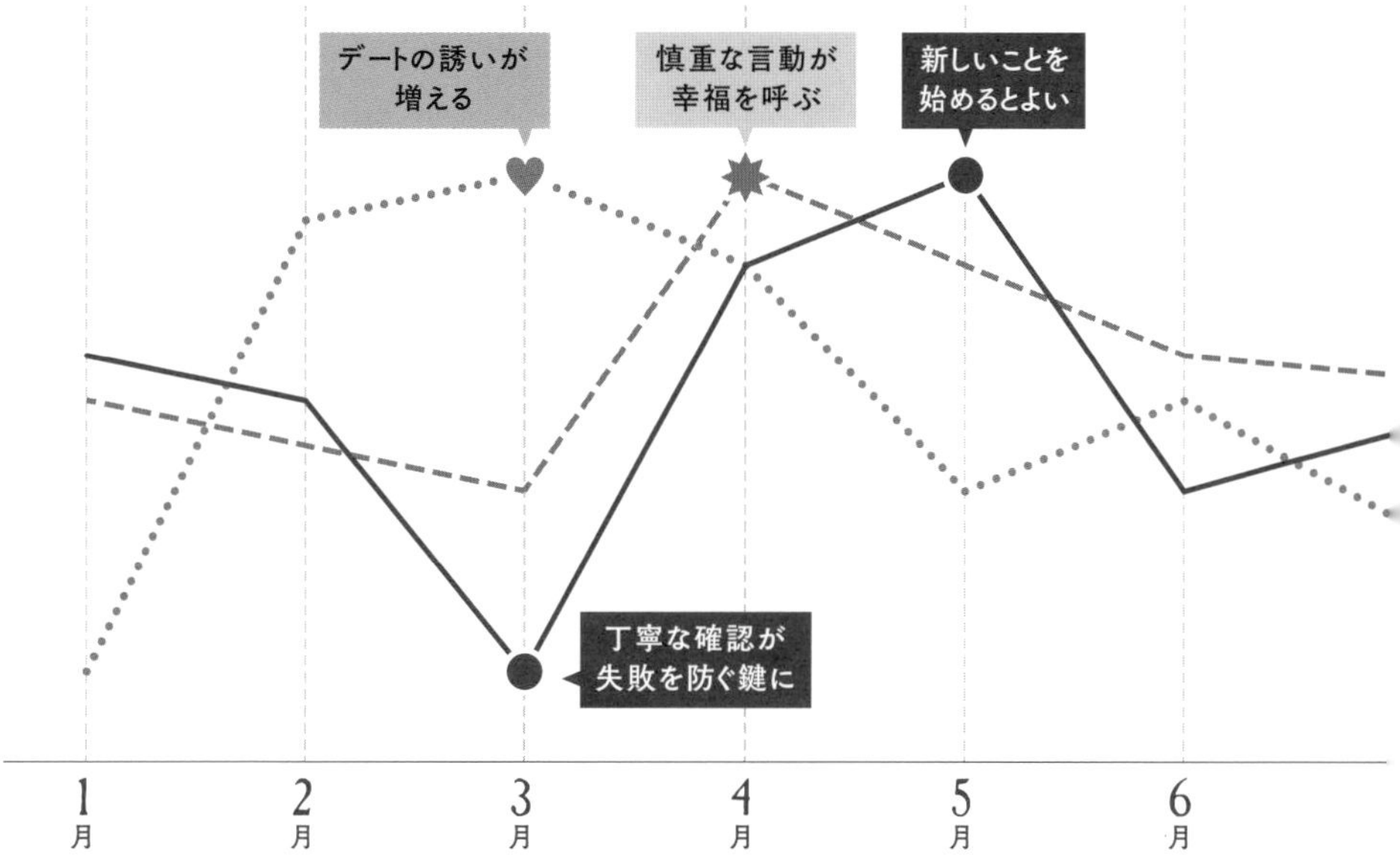

2024年　月ごとの一言アドバイス

1月

新しいことを始めるより今までのやり方を踏襲しつつ、その中で改善点を探し、対応すると成果が得られます。恋愛運は芳しくないので、今月はおとなしく過ごすこと。

2月

ステップアップのために新たな学びを取り入れるとよい時期。ぬるま湯から脱する覚悟で思い切って行動すると、収穫が多くなります。恋愛運も急上昇でモテモテの運気。

3月

恋愛運が好調。新たな出会いが生まれやすいときです。一方仕事ではスランプに陥り、心ここにあらずの状態が続きますが、そんなときこそ自分の直感を信じて行動して。

7月

できること、できないことの仕分けをしておきたい月。いつまでも結果が出ないもの、楽しくないものについては手放すのもアリです。身軽になり、集中力も高まります。

8月

不安を払拭するためにはとにかく動くことが大事。余計なことを考える時間がなくなるよう行動すれば、新しい知識や経験が増え、出会いのチャンスにも繋がります。

9月

恋愛運がピークを迎えています。この月は好きな人と楽しい時間を過ごすチャンス到来。仕事運はイマイチ。思うようにできず無力感に襲われますが、それにじっと耐えて。

2024年

竜神さんの取扱説明書

POINT 1

過去の頑張りを認めてあげる

竜神さんが今までやってきたことをしっかり認め、理解してあげてください。2024年はやや落ち着いた運気で目新しいことがなく、「何もできていない」と焦りを見せることがありますが、認めてもらうことで不安が取り除かれ、今できることに集中する力が湧きます。また、認めてくれたあなたのためにあれこれ頑張ってくれます。

POINT 2

積極的な声かけが実は嬉しい

竜神さんの方からは積極的に声をかけてこないため、仲良くなりたいとき、必要な用事があるときにはこちらからどんどん声をかけてください。待っていても動いてはくれませんが、一声かけるとすぐに行動してくれます。無関心な顔をしていても、本当はみんなと仲良くしたいと思っているので、声をかけられると密かに喜びます。

POINT 3

サポートを依頼されるのが好き

積極的に前に出ることは好みませんが、サポートは大好きです。今までの経験を活かすチャンスがあればいつでも、と思っていますので、「これについて助けてほしい」とお願いすると、驚くほどの知識とアイデアを惜しみなく提供してくれます。じっくり時間をかけて一緒に作り上げていく姿勢を取ると、さらに仲良くなれます。

2024年の

年の吉方位

南東 **南西**

月の吉方位

1月	2月	3月	4月	5月	6月
東	南東、南	南西	南西	なし	北東、南東、南西

7月	8月	9月	10月	11月	12月
なし	なし	北東、南西	南	南、南西	南西

ラッキーカラー＆アイテム

ラッキーカラー

- ブラウン
- カーキ
- エンジ

ラッキーアイテム

- 大判プレート、絵皿
- フラットな革靴かサンダル
- 《宝石》スモーキークォーツ

風神さん

チャレンジ精神旺盛。
考えるより先に
体が動く人

2024年の幸運メッセージ

頑張りが報われ、確かな成果を上げて幸せを摑める	物事が次第によくなっていく尻上がりの年に	信頼できる仲間、その存在が人生を大きく好転させる

合計数別 2024年にあなたが摑むチャンス

1	物事を曖昧にしたまま放置せずに白黒ハッキリつけること。決断が次のチャンスを呼び込み願望成就に通じるときです。また、目標を掲げたら早々に見切りをつけることはせずに最後までやり遂げて。そうして、ようやく得られる幸福があります。
7	すぐ実行に移すのが大切な年であり、状況を読んで思考を素早く切り替えてください。いつも時流に乗るようにすると負けることはありません。たとえ転んでも前向きに考えて行動に移せば、すぐに損を取り戻せるだけでなくいっそう大きな成功を収められます。
42	勘のよさを活かして行動すると、窮地を脱するだけでなく、瞬時に大事なチャンスを摑んで状況を好転させられます。また、短期間で勝負をつけるように意識すると、集中力が続いてよい状態で物事に取り組むことができます。結果、成功を収めて次に進めます。
48	社交的になり周囲とよい関係を築くことで、多少の失敗があっても問題にならずに済みます。信頼できる仲間を作り、その人たちに補佐を頼むことでチャンスをしっかりものにして、大胆な勝負に出られます。あなたがリーダーとなり、まとめ上げてください。

基本性格・総合運

何もかもが絶好調の一年に。新しいことに挑戦してみて

風に乗ってぴゅーっと気ままに飛び回る風神。帝王サインが「風神さん」の人は新しいことが大好き。しなやかで何にでも臆することがありません。そんなあなたのモットーは〝考えるよりまず行動〟。チャレンジ精神旺盛で、即断即決できます。ときに失敗することもありますが、その経験を次に活かす順応力も併せ持ちます。一方でコミュニケーション能力が高く、人の力をうまく活用することも得意。

さて、2024年の風神さんの運気は最高潮に達します。この年のあなたは、努力と幸運によって大きな成功を摑み取れます。目標も夢も面白いように叶うというほど、物事がよい方向へと好転していきます。望みが叶い、形としての収穫を受け取る喜ばしい時期となるのです。あなた自身、意欲と自信に満ち溢れ、どんどん行動を起こせます。運気も味方してくれるため、積極的に新たな挑戦をすると嬉しい結果を引き寄せられます。全く未経験のことも、ビギナーズラックで成功してしまうことも。そんなときは運気がぐんと高まっていますから、失敗を恐れず動くのが正解です。

この年は、大きな役割やリーダー的地位に大抜擢されます。身に余るようなポジションを得られますが、この時期のあなたはどんな場でも実力以上のものを発揮して、活躍できる力があります。恐れず動けば成功やチャンスを引き寄せられます。

また、この年は自信を持って動けば動くほど運気が上昇していきます。周りも巻き込んで一緒に目標を目指すと、さらによい結果へと繋げやすくなります。

出会いを求める人の | 恋愛・結婚運

初々しい姿が優しい人の心を動かし、交際に至る

思いがけない状況で出会いを掴みます。できたばかりのお店や、初めて訪れた土地といった、見ず知らずの場所でチャンスが到来。なぜかというと、あなたの初々しい魅力が人の心を掴む年回りだから。相手からすれば見ず知らずのあなたですが、恋を求める人の目には、なんだか放っておけない人というふうに映ります。そのため、あなたのことが気になる、あなたともう少し話してみたい、などといった第一印象を持った相手から声をかけられたりします。2人は共に行動するうちに自然に好意を抱くようになることも。

出会う相手は包容力があり、初対面のあなたに尽くそうとする親切な一面を持った人です。あなたの言葉にきちんと耳を傾けて、親身になってくれる誠実さがあります。

もともと慎重派のあなたなので、2人は時間をかけて距離を縮めます。お互いに理解を深め合うことで、この人は運命の相手だという確信を得て、その上で交際に至るのです。

おしゃかさん

この年、風神さんから見たおしゃかさんは一匹狼タイプで憧れの対象。互いを認め合い、離れたところから見守ってあげてください。

おふどうさん

安定感のある風神さんに、頼りがいを感じたおふどうさんが近づいていく年に。何度も離れたり近づいたりを繰り返します。

あまてらすさん

風神さんもあまてらすさんもどちらも人をまとめるリーダータイプ。この一年は互いの悩みを相談して理解できる関係に。

大黒さん

大黒さんが計画を立て、風神さんがそれを実現し誠実な関係を築く年。互いを理解して認め合うことで最高のパートナーになれます。

ガネーシャさん

よく似た言動をとる年回りになる風神さんとガネーシャさん。互いの堅実さを活かして支え合うことができるので、頼れる存在に。

大仏さん

この年の2人は互いを刺激し合うときであり、意識せずにはいられません。じっくりと向き合うことで関係が好転していきます。

恋をしている人の 恋愛・結婚運

気心が知れた仲になり 本音を言えるようになる

すでに気になる意中の人がいる場合、あなたと相手との関係は前年に比べていっそうよくなっていきます。時間をかけて愛を育むのが堅実なあなたのやり方であり、魅力です。相手との間でお互いへの好意が強くなり、心を開いてやり取りができるようになるのです。

そのため、あなたがどんなふうに相手を想っているのかを、真摯に伝えられます。2人の気持ちが強く結びつくので、今の関係に一区切りがついて次の関係に進展させることも夢ではありません。

今が片想い中であれば交際に至り、すでに交際中の場合は結婚の話が出る頃ですから、どちらにしても恋愛によって生活そのものが大きく変化する年になります。

こうして恋愛面が充実するおかげで、あなたは自分の本当の居場所を見つけられるため、大きな安心感を得られます。すると、ますます相手との関係がよくなって、他愛ないことでも笑えるくらい明るい関係を築けます。

帝王サイン別　2024年の相性早見表

おじぞうさん

自由主義の風神さんと現実的なおじぞうさんは、互いのよい面に目を向ければ気さくなやり取りができて楽しい関係になれる一年に。

竜神さん

風神さんの気持ちを優先してくれる竜神さん。一緒にいると終始円満でいられるとき。のんびりとした雰囲気のコンビに。

風神さん

風神さん同士は、互いを尊重し合える関係を築く一年に。相手が困っていたら、それぞれ我がことのように考えて助けてあげられます。

えびすさん

風神さんからするとこの年、底が知れない人と映るえびすさん。逆にえびすさんから見た風神さんは堂々として魅力的な近づきたい相手。

弁天さん

面倒見のよい風神さんと、頼りになるパートナーを求める弁天さんは2024年、好相性です。大きな愛を注いで2人の世界を築きます。

雷神さん

誠実さが売りの風神さんと、気の利く雷神さんはお互いにない長所を持つ相性であり、信頼し合える関係を築くことができる一年に。

仕事運

目的を持って働けば結果が出て報われる

この年は、計画をきちんと立てて行動してこそあなたのよさを活かせます。目的を持って行動すれば、迷いなく最短距離を進むことができ、無駄を減らして利益を大幅にアップできます。

また、自分でもぜひ「やってみたい!」と思える、適した仕事を任せてもらえるチャンスが訪れます。その仕事を全うすることで自信と経験の両方を身につけることができます。おかげで収入面では昇給も期待でき、頑張りが現実的な評価を得られる年に。

仕事といえば周囲とのコミュニケー

金運

まとまったお金を得て豊かになれる

金運は大変恵まれているため、まとまったお金を得て貯蓄を大きく増やせる年になります。副業といった特別なことをしなくても、勤勉に働く姿勢が報われ、それに見合うだけのお金を受け取れます。

これまでに何年も努力をしてきて、実力を身につけた成果として報酬を受け取れる年と考えてください。

出費に関しては誠実にお金と向き合えば、損失を避けられるので心配はいりません。強いて言えば、あなたは面倒見がよいため、かわいがっている後

人間関係

信じる気持ちが自分も相手も変えて幸運に

人間関係運は、あなたが周囲に対し、心を開いて交流できるかどうかが鍵になります。真面目な性格ゆえに慎重にならざるを得ない場合が多々あるあなた。本当に大切にしたい人とやり取りをする際は、勇気を出して自分をさらけ出してください。

慎重さゆえ、知り合って間もない人には戸惑う状況もありますが、時間が経つほどお付き合いが順調になります。この人との交流はこの先も長く続くだろうと、そう思える素敵なご縁を得られる年です。

ションも無視できません。この一年は特に後輩を大事にしてください。意識して相手を前向きな気持ちにさせる言葉をかけること。少しでもよいところを見つけたら積極的に褒めてください。

合計数別2024年の 仕事での活躍

1	正義感の強さを活かして責任感ある働きぶりを披露するため、周囲の信頼を集められます。リーダー的な立場に抜擢され、ますます活躍して確固たるポジションに。
7	反骨精神から大きな勝負に出ることがあります。他者が真似できない大胆な決断を下せるため、ここぞという状況で大成功を収めて注目を集める存在になります。
42	テキパキ働いて無駄がないため、他の人より早い段階で結果を出せます。その分、次の仕事に取りかかるのも早く、定期的に成果を上げて実力者になっていきます。
48	〝努力こそ近道〟を実践し、ときには人のために行動を。それは翻って自分のためにもなります。一見無関係に思えることもすべてがあなたの幸せと成功に繋がります。

輩など他人のためにお金を使う機会が訪れることもあります。

　それも、将来への投資と考えれば無駄ではありませんから、効果的に使いたいものです。

合計数別2024年の お金の増やし方

1	「チャンス」と思ったら勝負に出ると、すぐに結果も出ます。ただ損を取り戻そうとして粘り続けると損害が大きくなるので、その場合は早いうちに見切りをつけること。
7	一見、自分が損をしそうな場面でも、相手を立てることで感謝されて利益が得られることがあります。自分と周囲の大勢が得する道を選ぶことで、満足のいく結果に。
42	適切な収支管理ができてこそ、計画的にお金を増やせます。どんな状況でもきちんと計算を。楽観視せず最後まで緊張感を持って取り組めば、手元のお金も増えます。
48	楽しいことや好きなものを大事にすると、お金を適切に有意義に使えます。困ったときほど冷静に対応すれば、利益を損なわずに済み、むしろピンチをチャンスに。

　人間関係で問題が発生したときは、自分は自分、他人は他人と考えて冷静に受け止めて。相手の考えを尊重し、押し付けることのないように。場合によっては人に譲るとうまくいきます。

合計数別2024年の 家族との関係

1	あなたが冗談を言えば家族も笑う。そして家族が笑えばあなたも幸福感に満たされます。一家が円満でいられるように率先して気づかうと、和やかな家庭になります。
7	急激な変化が起こっても、あなたが明るく過ごしていれば家族も安心していられます。家族に多くを求めず、おおらかに接することが充実した日々を送る秘訣。
42	家族の連帯感が強くなり、絆もいっそう深くなる年に。この一年、家族で何をして過ごしたいのかを考え、話し合ってください。楽しく幸せを感じる年になります。
48	あなたがミスをしても家族は許してくれるので、愛の深さに感謝する年に。家族で外食をするといった気分転換が大事なので、意識してみんなで行動する機会を作って。

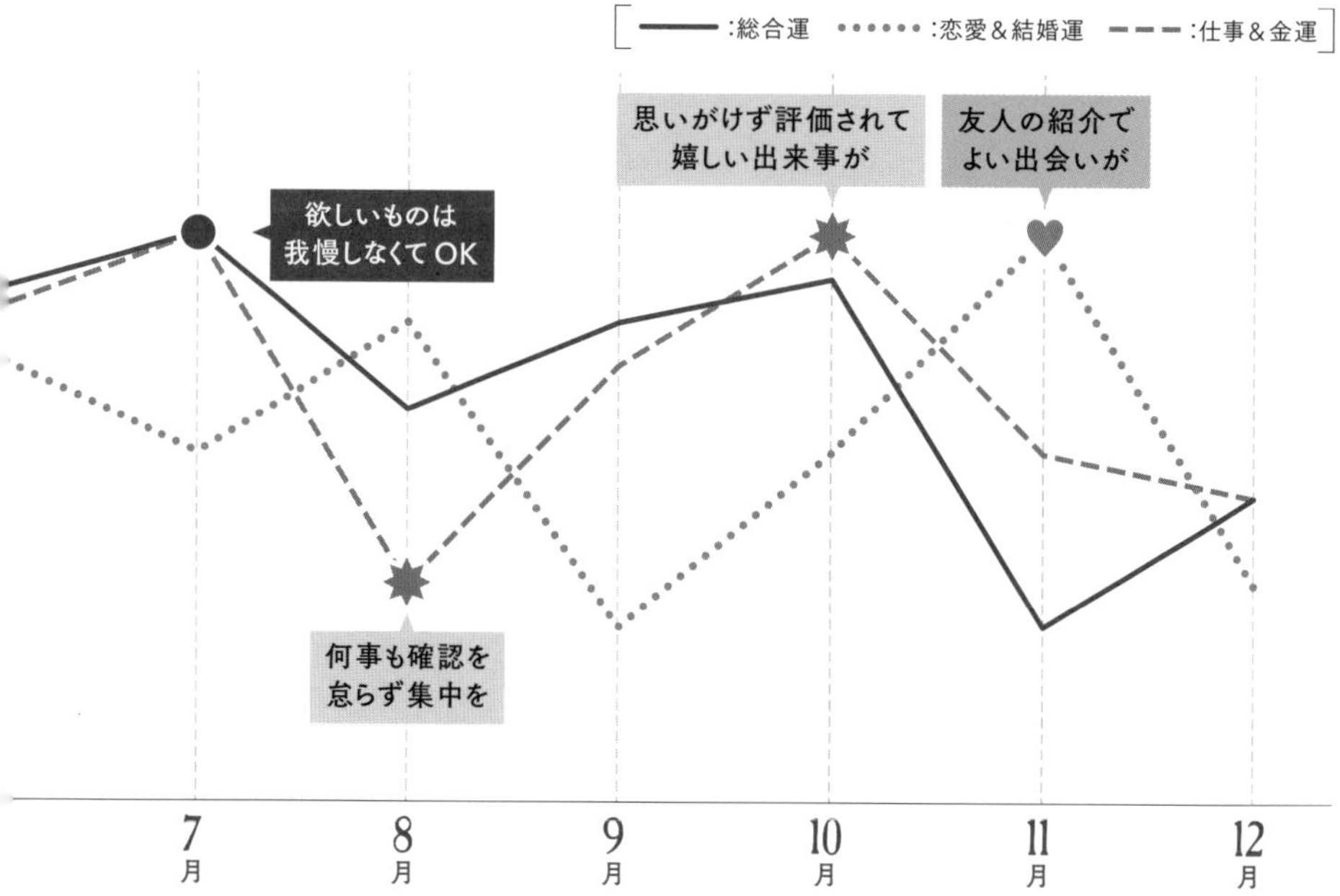

4月

恋も仕事も好調。今あるものを大事にするとより豊かに。一から物事を始めるより、すでにあるものを大事に育てるとあなたの実力にも直結。結果、喜びを見出せます。

5月

新しいことに関心を惹かれますが、今月は活発に動くのは避け、おとなしくしているのが無難。特に仕事面は準備程度に留めて。恋も待ちの姿勢でいること。

6月

運気は上昇中で感受性がいつも以上に豊かになる月。あなたの内面の魅力がにじみ出て、周囲の心を摑みます。多少わがままなくらいが愛らしく思われて恋にもよい影響が。

10月

素晴らしいアイデアが生まれて仕事面で注目されます。周囲の人たちからも称賛され、あなたのことを強く印象づけられます。これを機に、大きく成長することができます。

11月

物事が次の段階に進展する時期であり、特に人間関係や恋愛面で深い絆を育めます。最近、頻繁に会うことの多い人をそれとなく注目してみて。ご縁が急速に深まります。

12月

何事につけ、無理をしないのが正解の月。健康に気をつけて、出費を減らし、身の丈に合った生活を送るように心がけてください。おのずと平和で安泰な日々を過ごせます。

2024年の月運

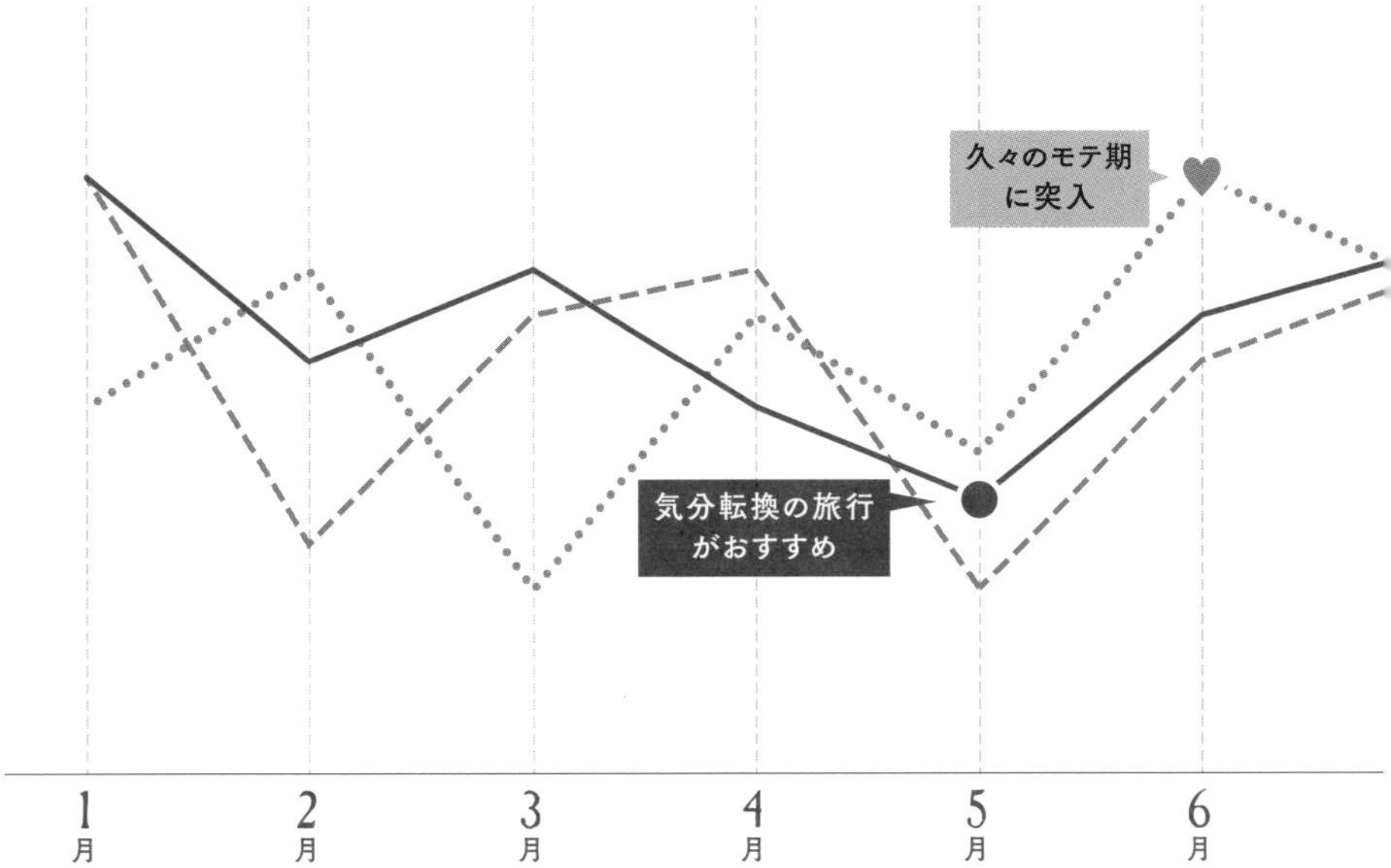

2024年　月ごとの一言アドバイス

1月

あなたが先頭でキビキビと動き、活躍する月に。こうしたいという自分の意思を追求して大成功を収めるため、最初は批判していた人も最後は大いに認めてくれます。

2月

安定した運気で失敗知らずの充実した1ヵ月に。身の丈に合った行動をとるようにすると、ますます幸運を呼び込みます。また、自分の居場所を安定させるのにもよいとき。

3月

内面の葛藤を抱きやすい月ですがそれだけ心が純粋な状態にある証拠。悩んだりしたときは素直に周りの助けを得るのが正解。恋は思うように進まないけれど、じっと我慢。

7月

自信にみなぎり、なんでもこなせる月。仕事でもプライベートでも情熱的かつ精力的に立ち回るため、周囲から畏敬の念を持たれます。金運も絶好調で嬉しい月になります。

8月

特に恋愛面で楽しい日々が送れるとき。その分ガードが甘くなり、無防備になるので大胆な行動に気をつけてください。身近な幸せを追うくらいの気持ちが功を奏します。

9月

周囲の状態を察して丁寧に過ごすとよい月。物事に目立った動きがない分、穏やかな時間を送れます。読書したりカフェに行ったりして、一人の時間を充実させて。

2024年

風神さんの取扱説明書

POINT 1

誇り高い人なので尊重してあげて

風神さんは真面目にコツコツ生きているので、自分の生き方に自信があり、高いプライドを持っています。この年は風神さんを立てて、礼儀正しく接することです。焦らず時間をかけて行動を共にすると、よい関係を保てるだけでなく、こちらの意見にも耳を貸してくれるようになるため、お互いに得をします。

POINT 2

この人を信じて見守ってあげる

風神さんはマイペースな一面があり、納得するまでとことん取り組んで結果を出します。そのため、人より時間をかけて行動する場合があり、やり方も自分で工夫して行うので、周りから口出しされるのを好みません。一年を通してよい関係を築くには、あえて何もせず結果が出るまで見守ること。その方が感謝されます。

POINT 3

こちらが近づけば相手も近づく

風神さんは懐が深くて皆に平等なので、近づいてくる者には温かく接するし、去っていく人を無理には追いません。そういう人をこの一年、あなたのペースに乗せるには、こちらから踏み込んでいくことが重要です。そうすれば相手も同じくらい距離を縮めてくれるため、短期間で親密になることもできます。

2024年の

年の吉方位

南西

月の吉方位

1月	2月	3月	4月	5月	6月
北東	南	南西	南西	なし	なし

7月	8月	9月	10月	11月	12月
南西	なし	なし	北東 南 南西	南 南西	南西

ラッキーカラー＆アイテム

ラッキーカラー

- レッド
- 薄紫
- ローズピンク

ラッキーアイテム

- ルームランプ
- アロマキャンドル
- 《宝石》ガーネット

おしゃかさん

向上心いっぱい。
人望も厚い
みんなのカリスマ

2024年の幸運メッセージ

人と比べず、自分にしかないものを追求すること

具体的な目標を立てると、周囲に協力者が現れる

心を柔軟にすると、今最も大事なものが見えてくる

合計数別 2024年にあなたが摑むチャンス

5	目標を公言しておくと、今後力になってくれるキーパーソンが見つかり、手を差し伸べてもらえます。目標を達成するために重要なヒントや道標を手に入れることができます。
44	友だちの誘いや何となく興味を引かれて始めたことが、あなたのライフワークになります。一から新しいことを始めてみると、あなたの可能性がどんどん広がります。
50	あなたが中心となって物事を動かしていく場面が訪れます。慣れないことに慌ただしくなるものの、自分でも気づいていなかった魅力や才能を見出すことができます。
53	決断に迷ったときは、あえて厳しい方の道を選択するのが正解の年に。遠回りに思えても、あなたが成長するチャンスとなり、その後自信を持って活躍できるようになります。
56	あなただけのアイデアやひらめきに恵まれます。それを人のために役立てると、周りからの注目が集まり高く評価されます。新たな活躍の場を与えてもらえます。
59	責任ある大事な役割に大抜擢されます。準備や計画をきっちりとして挑むと、あなたが望んだ通りの成果や評価を得られ、新たなチャンスを摑み取れます。

基本性格・総合運

努力の分だけ
嬉しい出来事が起こる兆し

悟りを開き、仏教を世界に広めた釈迦如来。崇高な仏様であり、人々に教えを説く生涯を貫きました。帝王サインが「おしゃかさん」のあなたは常に向上心いっぱいで、挑戦を恐れない努力家です。自分が満足するまで、何事にも粘り強く向き合います。ただ努力するだけでなく、緻密な準備や計画も怠りません。一方で時代の流れや流行にも敏感で、最先端のものをうまく取り入れるのも得意。カリスマ性がありつつ、面倒見がよいので、人望も厚い人です。

そんなおしゃかさんの２０２４年の運気は、高まるときを待って準備中といったところ。今後の目標や課題が見えてきたり、自分の伸ばすべきところがわかったりして、あなたの成長のために必要な要素が明らかに。それを知るために、試練や困難が待ち受けています。しかし、逃げずに正面から乗り越える努力をすることで、確実にスキルアップできたり経験値が増えたりしてやりたいことが見つかりますが、この年はすぐに動くのは得策ではありません。情報収集や鍛錬、人脈作りなど準備に徹するべきとき。十分に準備が整ってから動くことで、望んだ通りの成果を引き寄せられます。

努力がすぐに形としての結果に繋がる年ではありませんが、努力の分だけ何か嬉しいことが起こる前兆を感じられます。人から褒められる、想定通りに物事が進む、注目が集まるなど、ちょっとしたところに運気の高まる兆しが見えているとき。それを見逃さず、うまくいっている物事を深掘りしていくと、後の成功へと繋げられます。

出会いを求める人の

恋愛・結婚運

友人・知人の紹介を通じて 出会うご縁にツキあり

友人・知人を通じてご縁が舞い込む兆しがあります。こんな人がいい、こんな恋がしたいといった理想や希望を話しておくと、紹介してくれる人が現れます。あれこれ考えず、まずは会ってみるというスタンスが正解。話してみると、フィーリングが合ったり共通点が見つかったりと嬉しい発見があり、恋に繋がっていきます。

よいご縁があったときは相手に合わせすぎず、自分らしい恋を目指すと望んだ通りの恋に。意見や価値観が違うところが見つかっても、すぐに諦めずとことん話し合ってください。折り合いをつけられたり、相手の考えに納得できたりして、乗り越えられます。

ゆっくりと恋を育んでいく年。そのため出会いがあってもすぐにお付き合いや結婚など具体的な話には進みにくい一年です。ですが、お互いが納得できるタイミングで、自然と交際に発展したり、結婚の話が持ち上がったりしますから心配いりません。

おしゃかさん

おしゃかさん同士は尊重し合える関係に。必要なときにそばにいて、基本的には各々のペースを大事にするため居心地よくいられます。

おふどうさん

互いに自分にないものを見出して興味を引かれます。相手の発想や感性、センスに魅力を覚え、精神的にも好きになっていく年回り。

あまてらすさん

違う部分が多い2人は互いにとって好奇心をそそられる存在。この年、気になって追いかけるうち仲良くなり関係が深まります。

大黒さん

大黒さんの魅力や才能におしゃかさんが憧れの気持ちを抱く年。大黒さんもおしゃかさんの能力に一目置き、互いに惹きつけ合います。

ガネーシャさん

互いに尊敬の気持ちの方が強く、高嶺の花の存在として見るため、すぐには距離を縮めにくい一年。一度結ばれると離れられません。

大仏さん

同志や親友のように心を許し合える関係です。互いに相手から学ぶものが多く、尊敬し合ううちに関係が深まっていきます。

恋をしている人の　恋愛・結婚運

じっくりと将来に繋がる恋を育んでいける年

気になる人とじっくり絆を結んでいけるとき。2人で会話を重ねる機会が訪れ、お互いの考えや価値観などまで深く語り合うことができます。それにより、いっそう相手のことを理解し、興味を引かれます。

これまで以上に距離が縮まり、お互いにとって大切な存在になれるのは確か。ゆっくりとではありますが、お互いに信頼を築いていき、恋を育んでいけます。いざというときには一番に頼り合えるほど、近い距離感を持てるようになります。一緒にいればいるほど、他の誰といるより居心地よく、心許せる関係を築けるのです。

一度2人の関係が進展すると、将来まで見据えた真剣なお付き合いになります。のんびりペースの恋になりがちですからすぐに結婚とまではいかないものの、恋を深めていく過程を楽しめます。焦って積極的に動くのは逆効果。相手と同じ歩幅でじっくりと向き合ってください。

帝王サイン別　2024年の相性早見表

おじぞうさん
おしゃかさんもおじぞうさんも、無理なく心安らいでそばにいられる一年に。必要なときに必要なものをいつも相手が与えてくれます。

竜神さん
一年を通して一緒にいると温かい気持ちになれる2人。自分のことのように互いを思いやることができ、居心地よい関係を築けます。

風神さん
とても誠実に向き合える一年。ゆっくりと心を通わせていき、まず親友同士のような絆を築いてから、関係が進展していきます。

えびすさん
全く違うタイプのため理解し合うまでは時間がかかるとき。互いに尊敬の気持ちを持って接すればうまくいく年です。

弁天さん
適度な距離感で心地よく付き合っていけるおしゃかさんと弁天さん。互いの生活を尊重し合う心を忘れなければうまくいく一年に。

雷神さん
一緒にいると楽しくて心がほっこりと癒やされるおしゃかさんと雷神さん。正反対の性格ながらも自然と相手のために尽くし合える年に。

仕事運

発想力を活かし 地道に努力を

この年のあなたはできるだけ力を蓄えておくと、後々の活躍に繋がります。あなたの感性や発想力が高まるときなので、頭の中にあるアイデアを企画書の形でまとめ、身近な同僚や上司に見てもらったりして、アドバイスを受けてください。一年を通じて地道な努力を重ねると、いずれ高く評価され、大きな仕事や役割に挑戦するチャンスが到来します。

また、それとは別にあなたにとって少々難しい仕事が舞い込んできますが、ここは思い切って受け入れるのが

金運

アイデアやひらめきを 発揮すると収入アップ

収入面は安定し、浪費傾向もなく、順調に財を増やしていけるときです。アイデア力や企画力を発揮すると本業や副業で高く評価され、ボーナスに繋がる兆しがあります。あなたのひらめきがお金に変わります。

金運は緩やかに高まっていくため、一攫千金などということはありません。懸賞や宝くじ、株、投資などとも無縁の年になります。大きなお金を使うとお金とのご縁が遠ざかります。この年はコツコツ貯金と節約を重ねることで金運をさらに高められます。

人間関係

ムードメーカーとして 重宝される

周りの人たちにとって、癒やしの存在になれます。あなたがいるだけで場の空気が和み、周りの人たちは心がほっこりと温かくなります。それぐらい、ムードメーカーとして重宝されるとき。あなたが心身穏やかに保つよう努力することで、いっそう周りから必要とされるようになります。

あなた自身はトラブルがないものの、周りの問題に巻き込まれることもあります。そんなとき、誰かの肩を持ったりどちらかが悪いと決めつけたりするのは禁物です。よく話を聞いて、

正解。なかなか大変ですが、一つひとつやるべきことをこなすことで自信が得られます。そんなあなたに期待する人は多く、望んでいた仕事やポジションへと引き立ててもらえます。

合計数別 2024年の 仕事での活躍

5	思う存分感性を発揮して吉。人とは違う個性を前面に出してアピールすることで注目され、一目置かれます。
44	やりたいことが見つかり情熱を持って取り組めます。気持ちに従って丁寧に取り組んでください。
50	直感が冴え渡るとき。リスクを避けられたりまだ誰も気付いていない成功への道筋を見出したりできます。
53	頭の回転が早くなる年なので、先回りして仕事を終わらせたり先読みしてチャンスを摑み取ったりできます。
56	センスのよさを発揮できます。何かを選ぶときや物を作るときなどに、あなたのセンスが輝き注目されます。
59	完璧な仕事ぶりが認められます。地味な仕事でもミスや失敗なくこなし、周りから褒められることが増えます。

副業や転職での増収についてもこの年は考えないこと。もしも希望があるなら、準備段階に留めておくことをおすすめします。まず情報収集から始めてください。

合計数別 2024年の お金の増やし方

5	地道に月々の収入を貯金に回すこと。大事なのは、何としても貯金を使わずに生活する工夫をすることです。
44	誰かが貯金や儲け方について情報を教えてくれたときは、取捨選択して自分に本当に合うものを取り入れて。
50	新しい節約術にツキあり。少額のお金であっても、積もり積もっていくことで生活に余裕を与えてくれます。
53	倹約のしすぎはよくありません。お祝いや自分へのご褒美で適度にお金を使うと金運もアップします。
56	新しい収入源を増やす努力をしてみて。副業やプチ投資など、本業に影響のないものがおすすめです。
59	リフレッシュにお金を使いすぎないよう注意して。お金をあまり使わないご褒美を取り入れることが大事です。

どちらの言い分も認め、よくないところを指摘してあげてください。常に偏見や先入観を持たず、公平な立場を保つことで誰とでもよい関係を築いていけます。

合計数別 2024年の 家族との関係

5	家族とは大きな問題もなく楽しく過ごせる年です。細かいことは気にせず、大らかに構えていてください。
44	プライドが邪魔をして、自分に非があっても謝れなくなることも。素直に接するのが家族円満の秘訣です。
50	家族の関係を盛り上げるよいアイデアやイベントを思いつきます。積極的に提案すると関係はより良好に。
53	家族に甘えて少々感情的な一面を見せてしまいがちな年に。心身が疲れたら一人の時間を増やしてみて。
56	家族の困りごとには積極的に手を差し伸べることです。悩みは早期に解決させるといっそう心地よい関係に。
59	家族と穏やかに心を通わせられる平穏な年。感謝の気持ちを言葉にすると、いっそう絆が強まります。

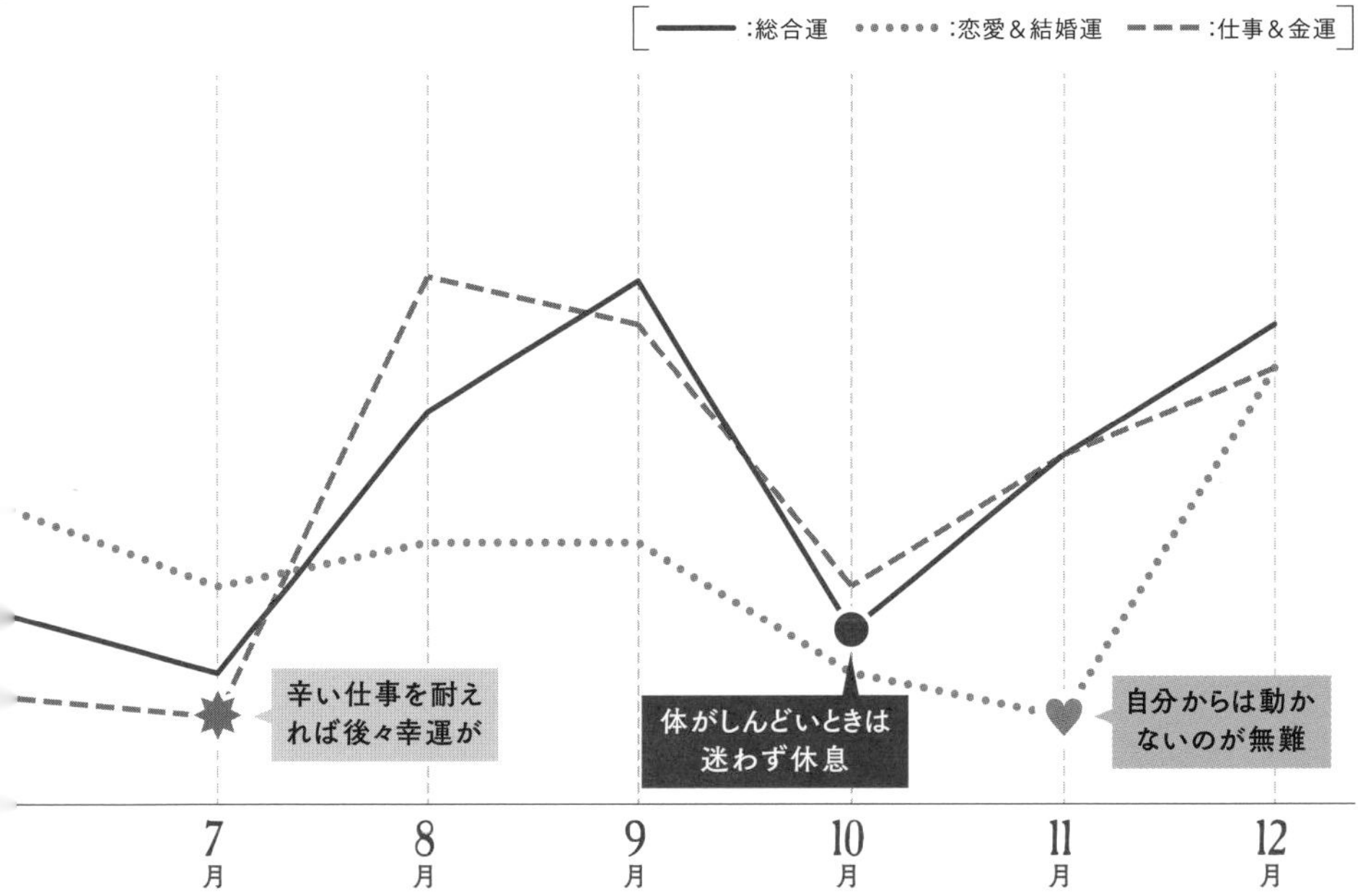

4月

慎重に物事に向き合えるときです。結果に繋げるのに時間はかかるものの、その分多くの学びや発見を得て可能性を広げられます。また恋愛面では嬉しい出来事が。

5月

引き続き、恋愛運が好調で思いがけない告白あり。何事に対しても意欲が高まり、少々の困難ももともせず突き進めます。特に仕事面でチャンスを引き寄せられるとき。

6月

状況は横這いですが、今ある現状としっかりと向き合うとよい月。心身が落ち着き、周りを思いやる余裕が出てきます。恋愛面はほどほどに安泰。誘われたら応じてOK。

10月

一人でいたいという気持ちになりがち。孤立するわけではなく、一時的に人と離れると、心穏やかに過ごせます。好きな癒やしの方法で心を休め、リラックスして過ごして。

11月

心に力がみなぎってきます。停滞していた物事が動き出し、気持ちを新たに挑戦することに。復縁、再会等、再び様々なご縁が繋がるとき。ただし恋愛面はやや不安定。

12月

望んだ通りに物事が動き出し、意欲に溢れます。形としての収穫を受け取り、自信を得られるとき。ただ、多忙になりやすいので、健康面や睡眠不足などに注意が必要です。

2024年の月運

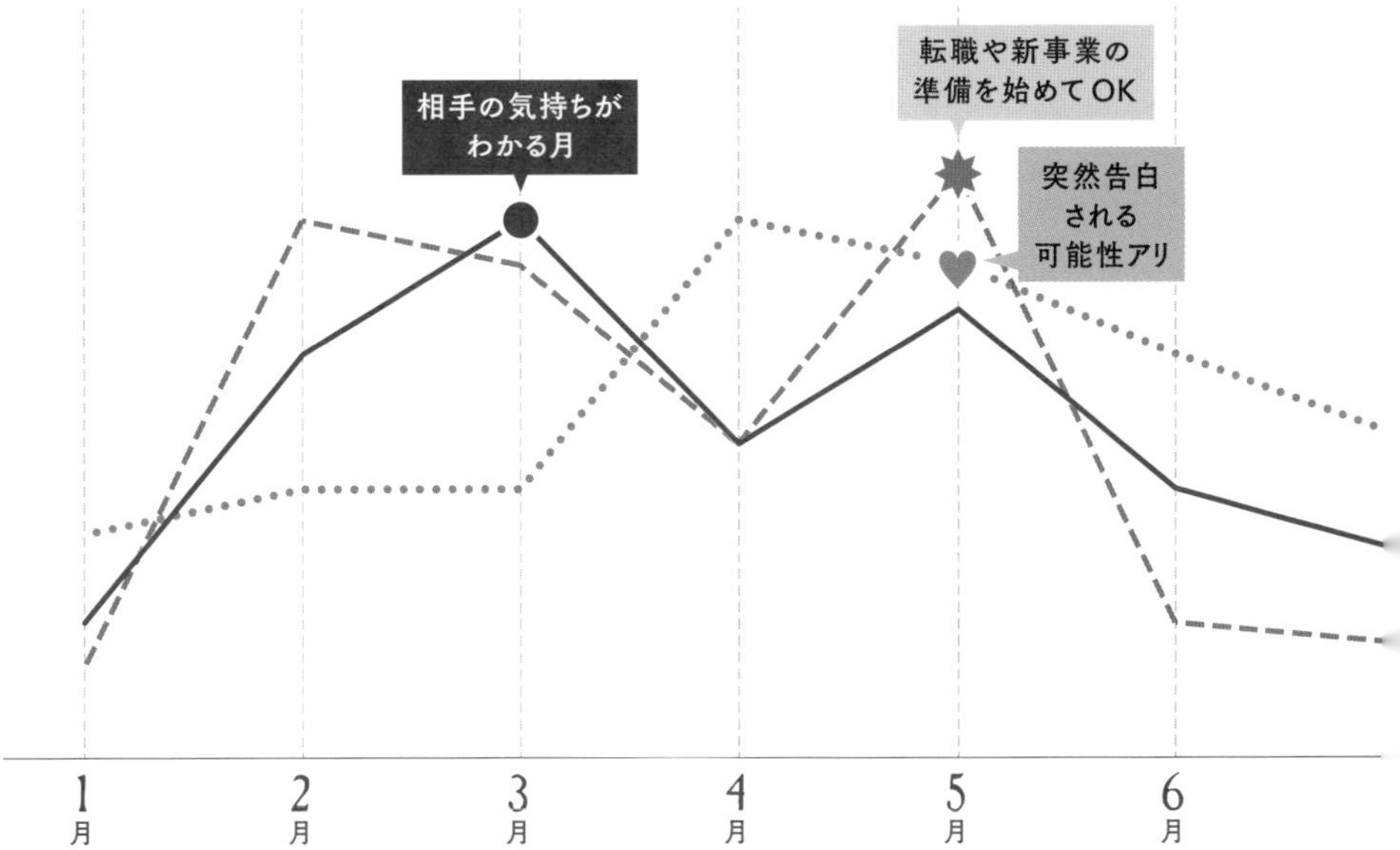

2024年　月ごとの一言アドバイス

1月

これまで大事だったものが離れていきます。ただ、あなたにとって本当に必要なものは手元に残るため心配いりません。次の上昇期に向けてリセットされる月です。

2月

運気が上昇の波に乗っているとき。周りからの援助によって成果や成功に大きく近づけます。コミュニケーションを積極的に取るとさらに運気が高まり、引き立てられます。

3月

運気が上昇し、収穫を得られる月です。特に仕事・金運が引き続き好調で、積極的に行動すればするほどよい結果に繋がります。思い切った決断もこの月なら功を奏します。

7月

挫折を味わうことになりやすい運気に。しかし、この月の試練は、今後のあなたを大きく成長させてくれるステップに。ここで踏ん張っておくと、今後の飛躍に繋がります。

8月

順調に物事が運び、思い通りの結果に繋げられる月。チームワークで成功を摑めるときなので、できるだけ周囲との協調性を発揮するように。後々大きく評価されます。

9月

直感と勢いで行動して成功できます。この月は慎重になっていてはもったいないので、活発に動いて。自分が周りを引っ張っていくつもりで動くとよい結果が得られます。

2024年

おしゃかさんの取扱説明書

POINT 1

適度に一人にしてあげて

人と群れるのは苦手なおしゃかさん。ですが、人付き合いが嫌いなわけではありません。人に頼ったり意味もなく一緒に過ごしたりするのが嫌なだけ。適度に一人にしてあげてください。そして適度に構ってあげてください。心配しなくても、構ってほしいときはこの人の方から近づいてきますから、待っているだけでよいのです。

POINT 2

魅力や個性を具体的に褒める

おしゃかさんは、勝負に勝つことや自分が相手より優位に立つことに執着はありません。それよりも、人とは違った個性を発揮して、注目を集めることに喜びを感じます。この人を褒めるときは慎重に。一般的な褒め言葉は響きません。この人にしかない魅力や個性を具体的に見出して褒めてあげると機嫌がよくなります。

POINT 3

無茶振りや急な変更は禁物

おしゃかさんに対し、無茶振りはしないこと。この人は何をするにも事前にしっかりと計画を立てたり目標を掲げたりして真剣に取り組みます。そのため、突然予定と違う進行を求められたり、違ったやり方を無茶振りされたりすると実力を発揮できなくなり落ち込みます。この人のペースやり方を尊重してあげてください。

2024年の

年の吉方位

北東　南東　南西

月の吉方位

1月	2月	3月	4月	5月	6月
北東	南東	北東 南西	北東 南東 南西	南東	北東 南東 南西

7月	8月	9月	10月	11月	12月
南西	南東	北東 南西	北東 南西	なし	北東 南西

ラッキーカラー＆アイテム

ラッキーカラー

- ブラック
- ライトグレー
- 藍色

ラッキーアイテム

- メガネまたはサングラス
- ガラスのオブジェ
- 《宝石》ラブラドライト

おふどうさん

揺るがない信念と
プライドがあり
打たれ強い人

2024年の幸運メッセージ

心身共に高い
エネルギーとやる気に
満ち溢れる一年

周囲からの
注目が集まり、
自然と自信がつく

何かと周囲に
助けられることで
人の温かさを実感

合計数別 2024年にあなたが摑むチャンス

51	あれもこれも一人で抱え込むのをやめて、他人を上手に頼って自分の得意なことに集中できれば、大きな成功を手に入れられます。自分の手がけたことだけを完璧にやり、他人に干渉しなければ人間関係もさらにスムーズになっていきます。
52	「あなたのために」と厳しく接するだけが愛情ではないことを知り、愛情の伝え方を変化させることで醸し出す雰囲気がガラリと変わります。あなたを敬遠していた人もいつの間にか側にきてサポートしてくれるようになるため、毎日が楽しくなります。
57	多少の犠牲を払ってでも他人を助けよう、という心意気を持つだけで精神面が強く保たれ、何に対してもポジティブでいられる年になります。その安定した雰囲気につられて、周囲にたくさんの人が集まってきて、自然とリーダーに推されます。
58	小さなトラブルが成長のきっかけになります。それを乗り越えるための知識は十分に備わっていますから、落ち着いて向き合ってください。新たな学びもある上に、向き合う真摯な姿が評判を呼び、いろいろな人から声がかかるようになります。

基本性格・総合運

自分自身でピンチをチャンスに変えられる年

不浄なものを焼き清める炎『迦楼羅炎《かるらえん》』を背中に背負った不動明王。悪しきものを焼き払う力は不動明王の正義感を表しています。帝王サインが「おふどうさん」のあなたも、強い信念とプライドの持ち主。逆境に強く、打たれ強い性質のその裏には、自分を高め、実力を蓄え、周りに認められたいという願望があります。いつでも自分が決めた目標はきちんとやり遂げます。またそんなあなたは人望を集めますが、あなた自身も人から尊敬されたり頼られたりすることに喜びを覚えます。

２０２４年の運気は上昇気流に乗っています。意欲がみなぎり何事も積極的に取り組める年。心身共に充実し、勢いに乗って前向きに突き進んでいけます。周りからの注目も集まりやすく、望んでいたポジションや役割を与えられます。責任ある役割を任され、少々多忙になったりプレッシャーを覚えたりすることもありますが、この年のあなたはエネルギーに満ち溢れていて、努力と体力で乗り切れます。むしろ、多忙だったり難しかったりする状況ほど、やりがいを感じて楽しんでしまえるのです。

周りから高い評価を得られるこの時期は、自信を持って何事にも挑戦できます。周りからの引き立てや大抜擢などにより、これまで全く経験のない分野や新しいことに挑戦するチャンスも訪れます。思い切って受け入れてみると、失敗も成功も大きな糧となり成長できます。また、いつも以上に周りから頼られたりリーダー的役割を任されたりします。人のために尽くすよう心がけることで、運気もアップします。

出会いを求める人の　恋愛・結婚運

今までいなかったタイプとの出会いが訪れる

この年のあなたは自分に自信を持って他人と向き合えるため、様々な分野で活躍する人たちの中に思い切って飛び込んでいくことができますし、そういうチャンスも巡ってきます。今までに出会ったことがないような人との出会いが訪れます。性別問わず尊敬し、惚れ込んでしまうような人との毎日はとても刺激に満ち、楽しいものです。

最初のうち、あなたは背伸びをするものの、次第にリラックスして本音を語れるようになります。その部分で共感できる相手とは長いお付き合いになり、次第に結婚も視野に入れていくことになります。幸せいっぱいといった状態です。

ただし、成長した自分の考えを誰にでも押し付けようとすると、今まで培ってきた関係が壊れてしまいます。また高圧的な物言いは周囲の人に幻滅されるもとになります。自分の幸せを喜ぶあまり、調子に乗って口を滑らせないよう、気をつけてください。

おしゃかさん

マイペースな2人ですが、恋愛関係になるとおしゃかさんがおふどうさんに合わせてくれる年に。空気感が自然で心地よい関係。

おふどうさん

性格も考え方もよく似ていてよいときはベストな関係ですが、一度こじれると互いに素直になりにくい年。思いやりを忘れずに。

あまてらすさん

出会った瞬間から恋の炎が燃え上がる年回り。ただ感情に任せて一気に関係を進めると、後から不満が出ることも。よく理解し合って。

大黒さん

2人でいるとロマンチックな時間を過ごせる一年に。ただ、一途なおふどうさんと恋多き大黒さんの間に感情のすれ違いが生じることも。

ガネーシャさん

ガネーシャさんの華やかさに魅了され、多少の欠点には目をつぶってしまうおふどうさん。甘えられると何でも許してしまうように。

大仏さん

頑張りやのおふどうさんとサポートが得意な大仏さんの組み合わせは、良好なバランスを保ち、愛を深めていく理想的な関係へと発展。

恋をしている人の　恋愛・結婚運

この先も一緒にいたい相手を見極めるチャンス

あらゆることに手を抜かず、新しいことにも果敢にチャレンジするあなたに注目が集まっています。気になる相手も、実はあなたのことを見つめています。告白されることもあり得ますが、舞い上がってすぐにお付き合いに進むと後になって「これでよかったのか」と悩むことになります。本当にこの人でいいのか、なぜ付き合いたいのかを自分の中で明確にしてください。特に、相手を尊敬できる部分があるかないかが重要です。

今の恋人と結婚話が出たときも、この問いを自分にしてはっきりした答えが出るのならそれはゴーサインです。そうでなければ見送った方がよいのです。

そして気を付けたいのが浮気心です。この時期は「バレなければいいか」とつい他の人にも目移りしたり、ときめいたりしてしまいます。今の恋人が大切でずっとお付き合いを続けたいなら、誘惑に負けないように自分に言い聞かせてください。

帝王サイン別　2024年の相性早見表

おじぞうさん

言いたいことを率直に言い合える間柄のため、仲良くなるのが早いとき。おふどうさんがお世話役に徹すればよいパートナーに。

竜神さん

思ったことをすぐ口に出すおふどうさんに対し、竜神さんは感情をぐっと押さえ込む一年。一緒にいても温度差が生まれやすくなります。

風神さん

世話好きで、決断力に富む風神さんに常にリードされていきます。その関係がとても心地よく、一緒にいる時間が充実して幸せに。

えびすさん

互いに陰と陽のような関係のため、足りない部分を補い合いながら進んでいけるとき。同じ目標を持つと絆が強まります。

弁天さん

この年、頼られたいおふどうさんと頼りたい弁天さんのニーズが合い、一緒にいると幸せな時間を過ごせます。気心知れた関係に。

雷神さん

頼りがいのあるおふどうさんと、気配り上手な雷神さんとの相性は最高潮を迎えます。補い合うことを意識すると末永く安泰な関係に。

仕事運

アイデア力を活かし次々行動に移せる年に

新しいことにチャレンジしたくて仕方がない時期です。アイデアが次から次に降りてきて、じっとしていられません。思い立ったが吉日で、次々に行動に移していく姿は周囲からの好感度も高く、特に目上の人からの評価はかなり上がっていきます。

ただ自分一人で突っ走る分には問題ありませんが、周りにも同じような熱量で対応することを求め、それができないとあからさまに残念だという態度を取ってしまうことがあります。周囲からの協力が得られなくなりますから

金運

ストレスを溜めずにお金をうまく使って

疲れ知らずでどんどん行動できるため、自然と入ってくるお金も増えていきます。この年は意外なところからの臨時収入があったりして、基本的にお金に困ることはありません。

ただ、忙しさのあまりストレスが溜まってくると、いくら収入が増えても、そのぶんお金を使うことで発散したくなり、つい浪費してしまうことが。出費が加速することのないよう、定期的なストレス解消やこまめな気分転換を心がけてください。

また、自分の中でのこだわりが強く

人間関係

合う人・合わない人を見極める時期

あなたの中で、やる気に溢れている年のため、どうしても勢いに任せて突っ走りがち。人から的確なアドバイスをもらったら、素直に聞き入れる姿勢がとても大事になってきます。この年、あなたが人間関係をスムーズに保つには、相手を尊敬する気持ちを忘れないこと。

行動力があるのは素晴らしいことですが、自分で自慢しなくても周りはきちんとわかってくれます。むしろ謙虚でいることが評価を高めてくれます。

半面、同じ勢いで行動できる仲間と

絶対に避けてください。

人には人のペースがあると割り切って行動していると、ついてくる人もたくさんいるし、協力者も増えるので、他人を意識しすぎないことです。

合計数別 2024年の 仕事での活躍

51	他人と自分との違いを自覚し、それを認める態度をきちんと示すこと。そうすれば自分のペースでバリバリ動いていても浮くことなく、周囲との協調性も保てます。
52	自分の好きなことにとことん集中していると、次第にそのスキルの高さが知れ渡ることになり、リーダーに抜擢されます。謙虚でいると人望がさらに厚くなっていきます。
57	積み上げてきたものに向き合い、じっくり分析してみると成功法則が見えてきます。さりげなくプレゼンすればみんなから称賛を浴び、ヒーローになることも。
58	大きなピンチを自分だけで乗り越える必要はありません。自然と周囲から手助けが集まります。一人で向き合おうとするあなたのその姿勢にこそ尊敬の念が集まるのです。

なりすぎると物に執着してしまい、気づいたらとんでもない額のものを買ってしまっていることも。自分の中での妥協点をきちんと決めておくと、満足のいく買い物ができます。

合計数別 2024年の お金の増やし方

51	こだわりの強さがかえって仇《あだ》になってしまいます。ときには「これくらいでいいや」という緩さを持つことが金運を上げ、貯蓄を増やすことに繋がります。
52	人の意見を柔軟に取り入れることで、思いがけない増収に繋がります。一度自分の中の「このやり方でなければ」を捨ててみると、新しい情報もわかって金運もアップ。
57	貯蓄のための投資や積立を始めるのにいいタイミングです。すぐに結果を出そうとせず、長い目で見てよさそうなものを選ぶと、後々、今の自分に感謝したくなります。
58	将来のライフプランを立てると、思いのほかスムーズに貯蓄を増やせます。たまに、人といると見栄を張ってお金を出したくなるので、無駄な付き合いは避けること。

の出会いもあり、周囲の顔ぶれが目まぐるしく変わるときでもあります。今までの自分とさよならしたいのなら、思い切って人間関係の断捨離を行うのも一つの手です。

合計数別 2024年の 家族との関係

51	小さなことでもみんなで相談して決めるようにすると、今まで見えていなかった相手の本音が見えてきます。結果として揉め事が激減していくことに。
52	相手のためにと厳しく指導することや、悪い点を指摘することよりも、何でも褒めること、感謝することを意識すると、常に笑顔が溢れる毎日を送れます。
57	意地を張りすぎず、たまには素直になって甘えてみると案外喜ばれます。飾らずにもっと自分らしさを見せていくと、相手との遠かった距離が一気に縮まります。
58	よかれと思ってしたことが、相手にはおせっかいかもしれません。手を出したくてもぐっとこらえて相手を見守るようにすると、後々感謝されます。

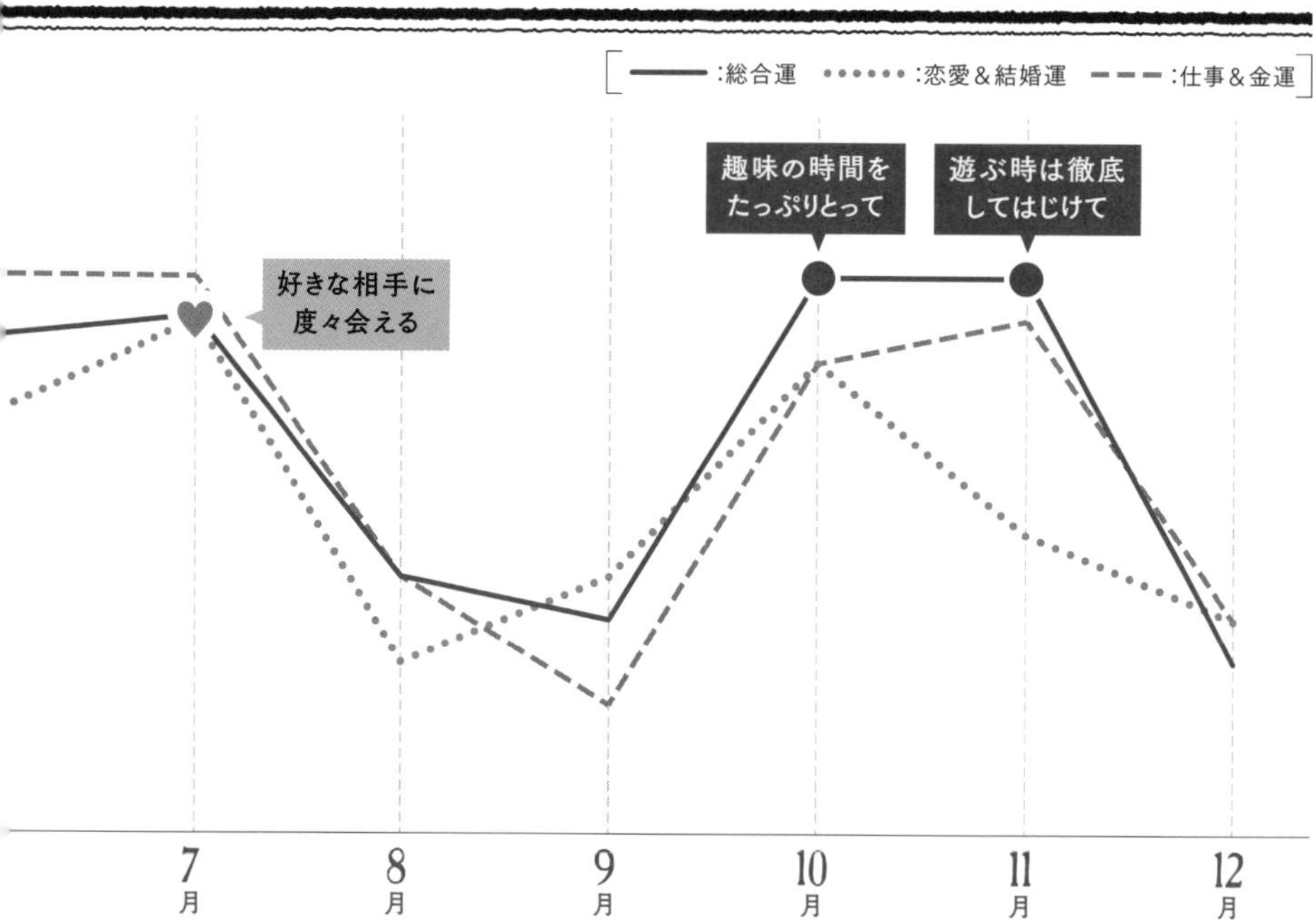

4月

プレッシャーに潰されそうになりますが、ぐっと踏ん張って。ここを乗り越えれば大きく成長できます。試練は飛躍のチャンスと心得ておいてください。恋愛面はまずまず。

5月

仕事面は比較的よいときです。どうしても譲れないことがあるなら、誰もが認めるくらいに知識や実力を高める努力をしてください。もう一段階上の飛躍が待っています。

6月

誰かのサポート役に徹すると実力を発揮できます。その才能が認められ、大いに引き立てられます。特に仕事関係での期待大。恋愛面でも新しい出会いの予感あり。

10月

再び元気を取り戻し、目標が明確になり、進むべき道もクリアになるとき。運気を味方につけ、成功を手にして大喜びすることに。出会い運も好調で幸せを肌で感じます。

11月

世界が自分を中心に回っているかのような気持ちになります。特に仕事面が好調で、いろいろなシーンでリーダーに抜擢されて忙しい毎日に。合わせて充実感も得られます。

12月

ケアレスミスが多くなる時期。自分で考えて行動するとなぜかうまくいきません。こんなときは受け身でいるか、信頼できる人を頼ることが大事。決して無理をしないこと。

2024年の月運

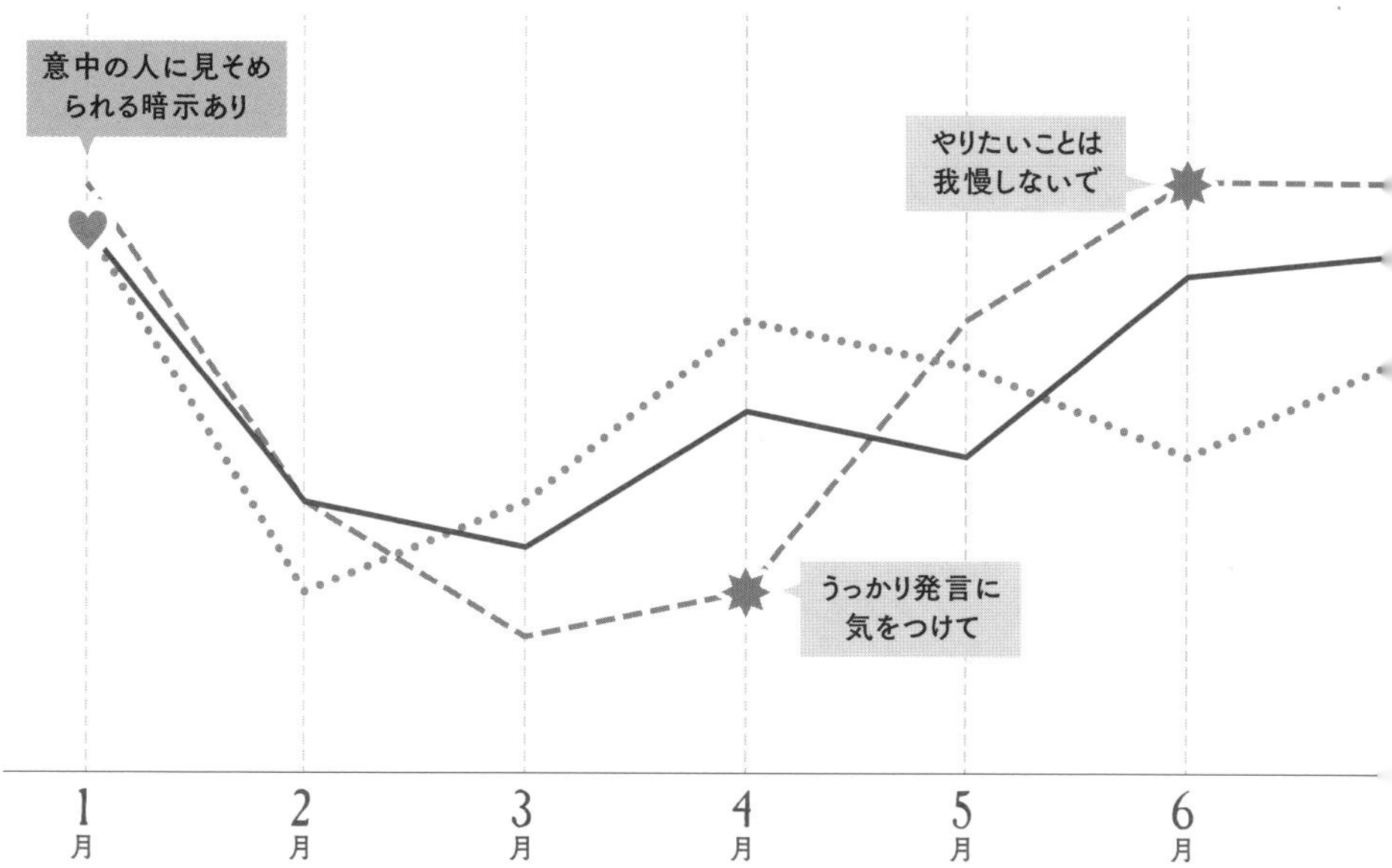

2024年　月ごとの一言アドバイス

1月
怖いものなし、まさに最強の運気。仕事も恋愛も、成功すると信じて突き進んでいくと望んだ通りの結果が得られます。逆に待っていても向こうから幸運がやってきます。

2月
いろいろなアイデアは出るものの、気力体力共になかなかついていきません。そんなときは無理をせず、しっかり休息を取ってパワーチャージを行ってください。

3月
価値観が大きく変わる出来事が起こりやすい運気。今までとは違う方向に向かうことを恐れずにいれば、新たな世界の扉が開きます。趣味や勉強など何か始めてみて。

7月
仕事も恋愛も好調期を迎えていて、力がみなぎる月。やる気に満ち、自信を持ってどんどん前に進むあなたの姿が、多くの人に魅力的に映ります。恋愛面では突然の告白も。

8月
あなたを理解し、大切にしてくれる人に囲まれて穏やかな気持ちで毎日が送れます。無理に動くと精神面での疲労が溜まるので、この月はなるべく静かに過ごしてください。

9月
感情が素直に出すぎてしまい、他人とのいざこざが絶えません。イラッとしたら一人になって深呼吸すること。この月はとにかく冷静になって、落ち着くことを習慣にして。

2024年

おふどうさんの取扱説明書

POINT 1

大げさなほどお礼を言うとご機嫌

おふどうさんは基本的に頼られることが大好きで、お願いされると全力で頑張ってくれます。また、他人が自分をどう見ているかがとても気になるため、小さなことでもおふどうさんにしてもらったら大げさなくらい「ありがとう」を言ったり、感謝の態度を示したりすると、気をよくして、さらに助けてくれるようになります。

POINT 2

予定を乱さないように心がける

何においてもきっちり計画を立てたい人なので、それが乱れると一気に不機嫌になります。行き当たりばったりのハプニングを楽しめず、イライラしてしまうので、できるだけ計画通りにいくように手助けすることです。それにより、「この人は自分の理解者だ」と感じ、あなたに対する信頼度を高めていってくれます。

POINT 3

無理に距離感を詰めようとしない

自分から行くのはいいけれど、相手から来られると引いてしまう、というのがおふどうさんの特性です。人にあれこれ詮索されるのも苦手ですし、束縛などもってのほか。他の人よりもパーソナルスペースが広いのです。ただ、一旦仲良くなると自分から話しかけ、距離もぐっと近づくので、そのときを待つというスタンスが大切。

2024年の

年の吉方位

南東　南

月の吉方位

1月	2月	3月	4月	5月	6月
東	南東	なし	南東	南東	なし

7月	8月	9月	10月	11月	12月
南東	南	南東 南	なし	なし	なし

ラッキーカラー＆アイテム

ラッキーカラー

- イエロー
- ピーチ
- 若草色

ラッキーアイテム

- バッグチャーム
- 白い食器
- 《宝石》シトリン

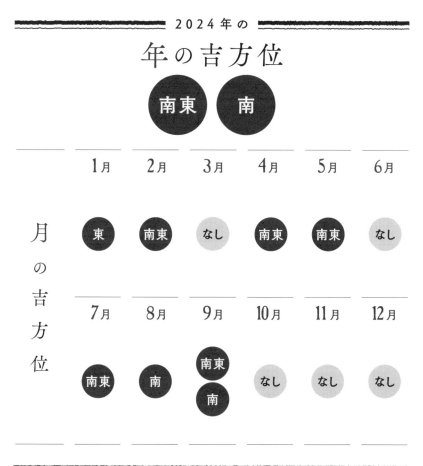

あまてらすさん

自信に満ち溢れ
信念に従って
人生を切り拓く人

2024年の幸運メッセージ

思いやりを持って接すると、親切が自分に返ってくる

人付き合いが開運の鍵。大変なときこそ交流を重視すると運気が好転

決断を下す際はハッキリと。みんなが賛同してくれる

合計数別 2024年にあなたが摑むチャンス

6	人に優しさを向けることで自分にも福がやってくる年。見返りを求めずに愛を持って触れ合ってください。自ずと運が開けて望む未来を摑めるので、欲張らないことです。
43	自分のペースを貫いて、堂々としていてください。自信がないときも落ち着いた対応を取れば、周りは納得します。大事なときこそあなたらしさで勝負すればうまくいきます。
49	誰とでも心を開いて触れ合うことで、有益な情報を得たり親切にされたりして幸運を摑めます。媚びる必要はありません。あなたらしさを活かして楽しく交流してください。
54	物事の筋を通しつつも他人に優しいので、周りに人が集まります。自分一人では無理なことも協力を得て成功するため、仲間と大きな計画を実行に移すことが可能に。
55	子供のように、自らの好奇心には素直に従うこと。知らなかった世界に飛び込むチャンスを得て、活躍の場を与えられるなど、人とのご縁を摑んで幸せになれます。
60	あなたの清らかさが周囲に好かれて、老若男女を問わずご縁が生まれます。人脈を築いておくと、仕事からプライベートまで幅広く助けとなり、いざというときに役立ちます。

基本性格・総合運

今あるものやご縁を大事に育む一年に

何事も万能にこなす、太陽神の天照大神《あまてらすおおみかみ》。八《や》百《お》万《よろず》の神々の中でも最高位に位置している存在です。帝王サインが「あまてらすさん」のあなたは明るく、順風満帆な人生を送ることができる人。物事を俯瞰《ふかん》することができ、いつも冷静でいられるところも魅力の一つ。周りに流されることなく、自分の信念にしたがって人生を切り拓きます。また誰からも愛されます。

そんなあまてらすさんの２０２４年は、自分自身に意識が向きやすくなる年。自分磨きをすることで運気が高まっていきます。新しいことに挑戦するよりも、今あるものを深掘りしていくと、少しずつ成果へと繋がっていきます。習い事やセミナーなどによって自分の持つ能力を高めたり、仕事に役立つ資格取得に向けて勉強を始めたりすると、今後役立つ場面が訪れます。知識や経験を吸収しやすくなっているときですから、情報収集や学びを積極的に行うことが大切です。

この時期は、長期的に物事に取り組む粘り強さや忍耐力が高まります。それにより、将来的な目標を掲げ、コツコツと地道な努力をしていくと望んだ結果を引き寄せられます。心身共に穏やかでいられるため、努力がそれほど苦になりません。少々多忙でも、うまく時間をやりくりして何事も正確かつ迅速にやり遂げてしまえます。一つひとつ計画をこなしていくことが自信に繋がり、それに伴い運気も高まっていきます。また、自分にとって大事なものが何なのかが見えるときでもあります。

出会いを求める人の

恋愛・結婚運

失敗を恐れずに
様々な出会いを経験したいとき

出会いが多い一年ですが、その分、別れも多く、その繰り返しの中で良縁を見つけられるという運勢です。そのため、常に順調とはいかないでしょうが、出会いの過程で人を見る目が養われ、最終的に素晴らしいご縁を手に入れられます。

優しいあなたは常に円満なやり取りを心がけるため、人との別れは苦手です。しかし、運命の出会いを得るには時間と経験が必要。様々な人と会って性格や個性を知り、自分と相性がよく、共に過ごせるのはどういった人なのかを実践で学んでください。

そうしていくうちに、「この人」と思える人物が現れたとき、ご縁がよい方向に繋がります。そのときが訪れたら、献身的に接すること。あなたの愛情の深さは相手の心を掴むのに十分な力を持っているので、確実に愛の絆を育めます。自分も相手も大事にして丁寧にやり取りを続ければ、やがて結ばれて幸せな日々を手にすることができます。

おしゃかさん

正反対の性格のあまてらすさんとおしゃかさん。だからこそ魅力的に映り、うまくいきます。一気に情熱が燃え上がり恋に至るとき。

おふどうさん

似た者同士の2人なので、共通点を見つけてすぐに仲良くなれます。それぞれのプライベートを尊重しつつ付き合うとよい年回り。

あまてらすさん

よく似ている2人だからこそ踏み込みすぎないことが大事な一年。目標が同じなら志を一つに行動できて、気さくに触れ合えます。

大黒さん

調和を大事にした交流ができるため、あまてらすさんにとって大黒さんは親近感が湧く存在。互いを理解し、助け合えるときです。

ガネーシャさん

しっかり者のあまてらすさんに賢いガネーシャさんの方が惹かれる年。力を合わせて利益を生み出せるので結婚相手に適しています。

大仏さん

あまてらすさんにとって大仏さんは尊敬できる人であり、自分にないものを持っている人。だからこそ眩しく見えて憧れるとき。

恋をしている人の 恋愛・結婚運

地に足の着いた判断で幸せな日々を送れる

気になる相手との間で、酸いも甘いも経験する年になります。愛しているからこそ自分の感情を制御するのが難しくなり、一時的にすれ違いが生じることもありますが、心配いりません。むしろ、試練があってこそ状況改善のために冷静になれて、その結果、上手な交流の仕方を体得し、その後確実に愛が深まります。また恋をしていると感情面が繊細になり、ときに周りの意見に惑わされそうになりますが、大事なのは自分の気持ちです。相手のことが好きなら、とにかくその想いを大切にしてください。

ある程度相手との心の距離が縮まっているのなら、結婚も視野に入れること。決断の際は現実的に考えてください。よく話し合うことで相手の気持ちがわかり、いっそう愛を深めるよい機会になります。

晴れて夫婦になったときには、もう相手と離ればなれになる心配がないという安心感から、かえって関係がよくなります。

帝王サイン別　2024年の相性早見表

おじぞうさん

あまてらすさんから見ておじぞうさんは、尽くしたくなる魅力に溢れています。相手の意見を尊重すればうまくいく一年に。

竜神さん

あまてらすさんには竜神さんのほうから合わせてくれるので、甘えていい存在。癒やしを感じられる素朴な交流が心を満たすとき。

風神さん

疲れたときにあまてらすさんを助けてくれるのが風神さん。ご縁を良好に保っておくと会話によって愛がどんどん育まれる年回りに。

えびすさん

あまてらすさんが考えて、えびすさんが行動に移す一年に。一緒だと不可能を可能にできて毎日をより楽しくできる好相性の時期に。

弁天さん

いつも人恋しいあまてらすさんが甘えん坊の弁天さんを受け止めて、穏やかに繋がっていける一年。とてもよいコンビです。

雷神さん

現実的なあまてらすさんに対して、おおらかな雷神さん。正反対だからこそ互いを必要とする年回り。リスペクトし合えます。

仕事運

仲間と結果を出して喜びを分かち合える

この一年は、あなただけが注目を浴びるのではなくて、仲間と協力してよい結果を出し、集団として評価をされる年です。仲間の活躍があなたの評価にも繋がるため、むしろ周囲を引き立てるつもりで仕事を回すと効果がアップします。

上司や部下といった立場は関係なく、周りとよい関係を築けるので多くの人に慕われるとき。意見を出すのはみんなに任せて、あなたはまとめ役に徹すると難しい会議もまとまり、スムーズに片付きます。

金運

貯蓄にうってつけ。無理のない目標設定を

この年の金運は比較的穏やかで安定しています。大きく稼ぐには向いていないので、今ある財産を守るという方針を貫いてください。無理のない目標設定をして貯蓄に励めば、将来への地盤をしっかりと固められます。ある程度の財産がすでにあるのなら、それを元手にして堅実に増やしていくのによいときです。

基本的には、今の収入源を大切にして穏やかに暮らしたいところ。ですが、第三者の助けによって臨時収入を得られるチャンスがあります。あまり

人間関係

周囲の人のために動くことで幸運を招く

この年のあなたは周囲の人々の気持ちを細かく分析することで、適切な交流ができます。人の気持ちが理解できるため、気の利いた対応をした結果人気が出て、特に弱者からは慕われるときです。あなたの周りにいる人たちの気持ちをある程度、掌握できます。

あなたが思い切った意見を言ったとしても、周りは「あなたのことだから何か考えがあるのだろう」と賛成してくれます。その期待を背負ってあなたはいっそう周りを思って動くのです。

物事の判断についても適切な選択を

もしも転職を考えていたとしても、今を大切にするべき時期なので思い切った変化は向きません。今の仕事をもう少し続けて様子を見て、いずれ決断を下すことをおすすめします。

合計数別 2024年の 仕事での活躍

6	冷静に判断すれば窮地を脱することができます。感情に流されないこと。誇りを持って取り組めばなおよし。
43	繊細で鋭い視点を発揮することにより、ヒントを得て仕事が成功します。まずは冷静に周囲を確認してください。
49	心を込めて働けば、きちんと気持ちは伝わります。丁寧な仕事ぶりが評価されて昇進昇給のチャンスも訪れます。
54	頼まれごとが多くて忙しくなりますが、だからこそ成長のチャンス。また同僚などを助けると、感謝されます。
55	穏やかに、しかし論理的に対応すれば意見が通ります。あなたの立場を確かなものにできて尊敬される結果に。
60	周囲に目を配り、さり気なく補佐することで、あなたの存在を自然に印象付けられます。結果、物事が順調に進展。

計算高くなりすぎずに、あくまでも「もしも稼げたらラッキー」くらいの気持ちでいてください。また、交際費が出ていきやすいので、その点にだけは注意し、コントロールすることです。

合計数別 2024年の お金の増やし方

6	お人好しになりすぎずに財布の紐を締めるときは締める。お金は自分自身の「未来」のために使ってください。
43	家計管理をきっちり行い、カードやその他の支払いもすべてに目を通す機会をこまめに設けると無駄をなくせます。
49	積極的な行動がお金を増やすチャンスに繋がるので、副業やクーポンといったお得情報に敏感になること。
54	自分への投資はケチらないこと。勉強やお稽古事など内面やスキルの成長に関わることにお金を使ってください。
55	計画性なしで過ごすのはNGです。積立貯金のように確実に財を増やす方法を生活に取り入れるようにして。
60	安定を大事にして、気分でお金を使わないように気を付けること。手元のお金は堅実な運用で増やすようにして。

して行動を起こすので、時間が経過するほどみんなの結束が強くなります。このように、あなたは周囲のために動くことになり、それがひいては幸運を招くのです。

合計数別 2024年の 家族との関係

6	優しさと厳しさを両立してこそ平和な家庭が維持されます。家族愛を持ちつつ、必要なときはけじめをつけて。
43	尽くしたからといって見返りを求めたりせず、お礼を言われたらラッキーくらいの気持ちでいてください。
49	心を重視し合うことが大事。自分と家族の気持ちの両方に配慮しながら、様々な問題に対するバランスを取って。
54	先入観を捨ててありのままに家庭を振り返ると、今の我が家に足りないものがわかり、協力して改善できます。
55	たとえ自分が正しくても、ときには相手に譲ること。家族だからこそ謙虚になり、和やかなムードを作って。
60	あなたが冷静に柔軟な対応を心がければ、どんな困難が起きたとしてもはねのけて、家族から尊敬されます。

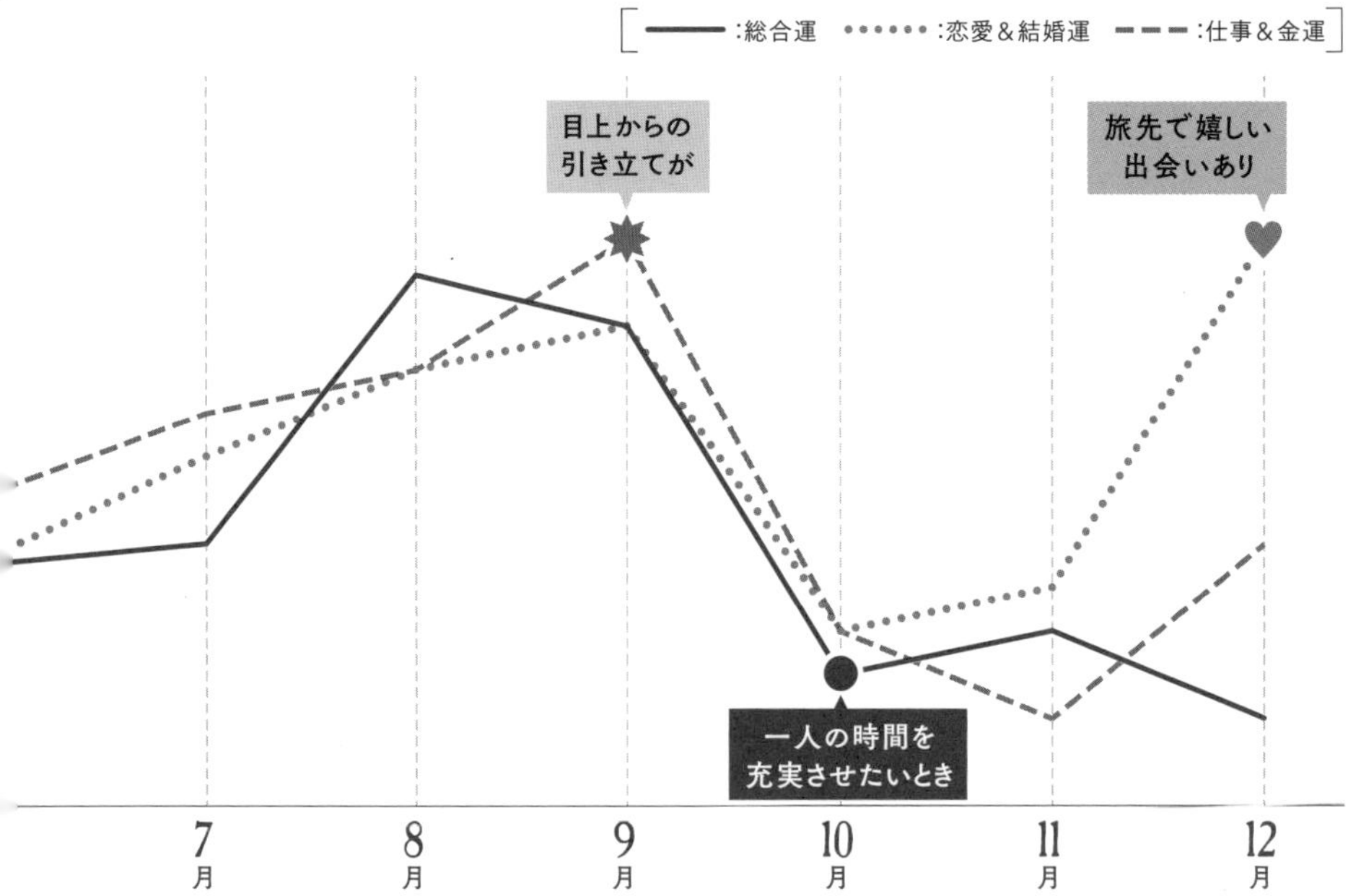

4月

順調に物事が進展していく安泰な運気。精神面が満たされやすくなり、些細な出来事にも喜びを見出して幸せになれる月です。特に仕事や金銭面で嬉しく感じる出来事が。

5月

この月、最も好調なのは恋愛面です。他人の影響を受けやすいときだからこそ、その素直さが好かれます。心を通わせるのもうまくいき、健やかに愛の絆を育めるとき。

6月

思い通りにいかず、やきもきする月ですが、不調は一時的なものなので、あまり気にしないようにしてください。それよりも、気分転換に小旅行するなど、羽を伸ばして。

10月

一人でゆっくり考える時間を作るとよい月です。答えを出すことを焦らずに、よく計画を練って準備を進めてください。壁にぶつかったら、あえて先延ばしにするのも大事。

11月

進むべき道がハッキリ見えるからこそ、実力不足を痛感することが。しかしゴールが定まっているので、決して努力を怠らないこと。自分を信じていれば辿り着けます。

12月

人恋しい気持ちが強くなるとき。心から愛する人を求めることで、恋愛面がうまくいきます。弱さを素直に見せると、心が通じ合い、相手もあなたを受け入れてくれます。

2024年の月運

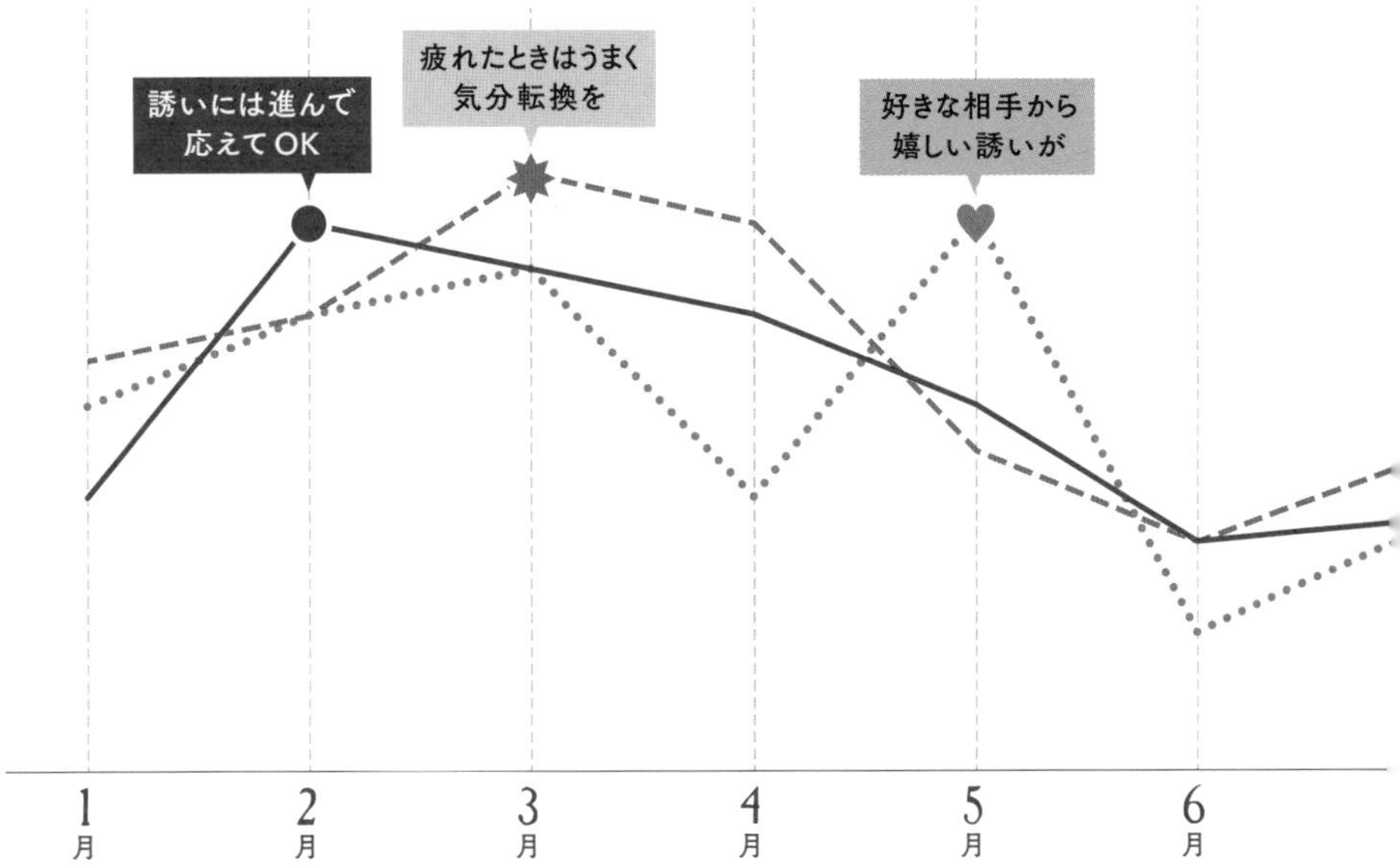

2024年　月ごとの一言アドバイス

1月

お金や物といった形あるものにとらわれやすいときです。豊かにはなれますが、こだわり過ぎて自らの首を絞めないよう、できる限り寛容であることを心がけてください。

2月

今この瞬間を大事にすると、身も心も満たされて穏やかな日々を謳歌できます。人と喜びを分かち合うことで、ますます繁栄。周りの人とのコミュニケーションを大切に。

3月

大きく羽ばたける運気到来。どんな出来事や状況も好転します。柔軟に対応できるので、この月に様々なシーンで体験することがあなたにとってプラスになります。

7月

古い物事とご縁が切れて、新しいことに挑戦する時期です。ぜひ心から夢中になれるものを探してください。勢いのある月なので、自分でも驚くほど成長していけます。

8月

やりたいことに思い切り打ち込むのに向いている好調期。多少、自分本位になっても問題なし。童心に返ってめいっぱい夏を楽しんでください。レジャーなどで遠出も吉。

9月

空気を読んで行動すると、物事をうまくまとめあげて利益を生み出せます。人と人との橋渡しを心がけてください。結果、仕事では成果を残し収入面でもよいことが。

2024年

あまてらすさんの取扱説明書

POINT 1

人情派なので情に訴えてみる

この人とうまくやるには、情に訴えることが最も効果的です。道徳心を持って優しく接すれば、相手はそれを察して同等の優しさで返してくれます。いわゆる人に尽くすタイプなので、この人からの信頼や同情を得られれば頼もしい味方になってくれるのです。困ったときも、まずはこの人に相談をしてください。

POINT 2

賑やかな状況や人が大好き

社交的な性格ゆえに、人が集まる状況や場所が大好きなあまてらすさん。共に行動するならコンサートやイベントなどに繰り出すと、お互いに楽しめます。共通の友人を誘って大勢で集まるとなおよし。そうして笑顔で語り合ううちに、2人の間に強い絆が芽生えて一気に距離が縮まります。踏み込んだやり取りもスムーズに。

POINT 3

ごまかさずに正々堂々と向き合う

博愛的な一面がある人ですから、誰か一人だけが得をするのは好きではありません。自分を含めて周囲のみんなが幸せになってほしいと考えているので、平等を何よりも大切にしています。この人に対し、ごまかしや抜け駆けといった行為はしないこと。競い合うときも正々堂々と振る舞うとよいライバルになれます。

2024年の

年の吉方位

南東　南

月の吉方位

1月	2月	3月	4月	5月	6月
東	南東	なし	南東	南東	なし

7月	8月	9月	10月	11月	12月
南東	南	南東 南	なし	なし	なし

ラッキーカラー&アイテム

ラッキーカラー

- オリーブ
- モーブ
- くすみピンク

ラッキーアイテム

- 大理石風の小物
- 革製のスマホケース
- 《宝石》翡翠《ひすい》

えびすさん

愛情深く
笑顔で周りを
癒やす社交家

2024年の幸運メッセージ

考えるよりまずは
動いてみることで
幸運が呼び込める年

他人の意見よりも
自分の心の声に耳を
傾けることが大事に

どんな経験も、
あなたの成長を後押し
することを忘れないで

合計数別 2024年にあなたが掴むチャンス

2	今までひたむきにコツコツやってきたことが大きく実を結びます。成功も失敗もすべて自分の成長の糧にしてきたあなたが持つ、経験に裏打ちされた知見はまさに無敵。しかもそのことに天狗にならず、周囲への気配りを忘れない姿に賞賛が集まります。
8	自分の理想の姿に向けてひたすらに邁進していく姿勢が、次々に幸運を呼び込みます。誰に何を言われても気にせず、自分の道を突き進んでください。同時に他人のやり方や考え方を否定せず、受け入れる姿勢を見せることで評価が高まります。
41	立ち向かうものが困難であればあるほどやる気を増すあなた。その心の強さが発揮され、ライバルや問題と向き合って大きな勝利を手にします。さらに弱者にも手を差し伸べる優しさのおかげで、周囲の信頼を得て人間的にも成長します。
47	人付き合いのよさと今まで培った人脈を、他人のために使うと大きく自分に返ってくる年です。他人の相談に積極的に乗り、必要と思われる人同士を繋げることに尽力すると、そこから自分の人脈やチャンスも、よりいっそう大きく広げることができます。

基本性格・総合運

目標が明確になり 飛躍が見込める年に

五穀豊穣、商売繁盛の神徳で知られるニコニコ顔の恵比寿天。帝王サインが「えびすさん」のあなたはいつも自分のことは二の次で、周囲の人を思いやり、愛情深く接することができます。とても優しく人に寄り添うので、リーダーのような求心力はありませんが、誰からも愛される魅力の持ち主です。周囲の人にはとても温かく接するのに、なぜかストイックで自分には厳しく、自分を律することがよくあります。ときには我慢をせず、自分を解放してあげるともっと生きやすくなります。

そんなえびすさんの２０２４年は変化の年。不要なものが離れ、新たなものが入ってきます。周りの変化に少々戸惑いますが、この年のあなたはうまく乗り切る力を備えているので心配いりません。試練や困難があっても、これまでの経験を活かして正しい判断をして、問題を解決。そして新たなやりがいや喜びにたどり着けるのです。

この年は、将来的にどうなりたいのか、今の自分は何に喜びを覚えるのかといったことが明らかになり、それに向けて新たな一歩を踏み出せます。不安もあるものの、それ以上に意欲と喜びに満ち溢れ、意気揚々と取り組めるのです。その結果、自然と運気も味方につけてよい方向へと物事が運んでいき、心からやりたいことに打ち込める状況を引き寄せられます。また、あなたが新しい物事に取り組もうとするときに、ライバルや競争相手が現れ、競い合うことになります。しかしそれはお互いにとってよい糧となり、ライバルが後に生涯の親友となることもあります。

出会いを求める人の 恋愛・結婚運

ピンチはチャンス。運命の出会いは身近に

この一年の恋愛運を一言でいえば、「雨降って地固まる」です。ちょっとしたトラブルで慌てたり、悩まされたりするものの、それを乗り越えたところには素敵な出会いがあったり、乗り越える際に身近にいる人とご縁が深まったりして、一気に恋愛・結婚に進むケースが起こりやすくなります。

たとえば、人間関係での悩みを相談した友人がとても頼りになって、そこから一気に親密になったり、仕事でトラブルに巻き込まれたときに、あなたを親身になって支えてくれた同僚と恋愛関係に発展したり、といった出来事です。すでにある程度お互いを知っているからこそ、短期間でのゴールインもあり得ます。

身近に出会いがない、と感じているのならば、恋人がほしいとさりげなく周囲に伝えておくことで、周りにいる人があなたにさまざまなご縁を運んでくれます。明るい笑顔で、できるだけ年上の人にお願いしてください。

おしゃかさん

相手に負けたくない気持ちが双方に働くため、ライバル関係になりやすいときです。寄り添い合うより互いを刺激して伸ばし合います。

おふどうさん

互いに憧れを抱いて近づいていくも、一緒にいるとどうもしっくりいかないとき。一定の距離を取る方が尊重し合えます。

あまてらすさん

正反対の見た目や考え方をしているけれど互いを支え合える年です。思いやりを忘れなければ生涯のパートナーにもなれます。

大黒さん

互いに一目惚れして燃え上がりやすいときです。ずっとべったりか、早々に冷めるかどうかは、互いを理解しようとする心次第。

ガネーシャさん

ガネーシャさんの第一印象はよくないものの、えびすさんが違いを認めて相手を尊敬することができれば最高のパートナーになれる年。

大仏さん

大仏さんの一途なところに惹かれるも、えびすさんは徐々にそれを重く感じやすくなるとき。互いを傷つけないよう距離感を保って。

恋をしている人の　恋愛・結婚運

本命をしっかり絞り
優しい人を印象づけて

気になる人がいる場合には、こまめに話しかけてください。じっくり膝を突き合わせて自分をアピールするよりも、毎日ちょっとした声かけをしたり、笑顔で挨拶をしたりするなどして、単純に好印象を与える努力の方が効果的です。感じのよい人と思ってもらうことで、その後の関係がスムーズにいきやすくなります。

ただ誰に対してもニコニコと愛想よく振る舞ってしまうと、本命から誤解されてしまうので、あえて差をつけるようにしてください。

深く考えるわけでもなく、つい誰に対しても感じよく対応することはありますが、それが原因となって好きな人にあなたの気持ちがしっかり伝わらなければ、意味がありません。

八方美人な態度は意識して控えること。みんなに好かれたいのか、大好きな人にだけ好かれたいのかを自分の中で明確にすると、あなたが本来持っている一途さがきちんと表に出てくるようになります。

帝王サイン別　2024年の相性早見表

おじぞうさん
共に行動力があり、一緒にいると刺激に満ちた時間が過ごせる年。互いにややわがままが気になるので、適度な距離でお付き合いを。

竜神さん
ペースもテンションもまるで違う2人だからこそ、一緒にいるとワクワクすることが増える年。自然と行動を共にする関係になります。

風神さん
風神さんの落ち着きのある雰囲気やその誠実さに強く惹きつけられるえびすさん。この年はこまめに声をかけるといっそう親しく。

えびすさん
プライドの高いところがよく似ているため、一緒にいると妙に張り合ってしまいます。この年はあまり深い関係にならない方が無難です。

弁天さん
弁天さんから一方的に慕われ、えびすさんは追いかけられる側になるときです。少々面倒に感じるも、慣れてくると可愛く思えます。

雷神さん
一緒にいると笑いが絶えないものの、ロマンチックな雰囲気には発展しにくい時期です。一定の距離を保つ方が仲良くいられます。

仕事運

知識のインプットに注力すると大きく成長

知識欲が高まり、学ぶことが何でもスイスイと自分の中に入り込み、身になっていきます。気になっていたこと、知りたいと思っていたことがあるなら思い切って手を出してください。新しい世界が開け、目標や見えるものが大きく変わっていきます。少しハードルが高いかな、と不安になることこそチャレンジすべき。自分が思っているよりも大きな成長が見込めます。

この一年は何かと〝動く〟ことに幸運がついてくるため、転職はもちろんですが、やりたかった部署への異動願

金運

自分に投資するといずれ何倍にもなる

この年は自分のためにお金を使うと金運は高まりますが、嫌なのに見栄を張ってお金を出す、納得いかないのにお金を出す、ということが増えるとあっという間に流れ出ていきます。自分への投資の年と位置付け、できる限り自分のために集中してお金を使うことを心がけてください。

美容でも趣味でも資格でも、自分がしたいこと、興味があることを徹底的に追求すると、そこから豊かな金脈へと繋がっていくことになります。たとえば、自分の美容法が話題になって誰

人間関係

周囲の目は気にせず苦手な人は遠ざけて

普段はあまり他人に影響されないのですが、不安になると、つい他人の意見の方が正しい気がして惑わされてしまいます。この一年は特に、何かにつけて周りの目や意見が気になって仕方がなくなり、右往左往してしまいがち。

それを防ぐには、自分の意見をはっきりさせたうえで他人に相談することです。自分の考えを最優先すると決めておくと、他人から聞いたよい部分だけを自分のやり方に取り入れることができます。

また、人を選ばず誰とでも仲良く会

おじぞうさん
竜神さん
風神さん
おしゃかさん
おふどうさん
あまてらすさん
えびすさん
弁天さん
雷神さん
大黒さん
ガネーシャさん
大仏さん

を出すなどもおすすめです。

また一人ではなく、できるだけ周りを巻き込んで行動するように心がけると、よいビジネスパートナーにも恵まれます。

合計数別2024年の仕事での活躍

2	仲間に支えられて大きな成果を手にできます。常に他人に優しく、奉仕の精神を忘れないことを心がけると、それが大きくなって自分に返ってくることに。
8	目上の人からの引き立てあり。多少迷うことがあっても自分を信じ、強い意志で計画を推し進めていくことで、大きな成果を手にすることができます。
41	リーダー役に疲れたら、一歩下がって参謀のような立ち位置になると自分の気持ちも楽になり、実力が発揮できます。これをきっかけに、最強タッグの誕生も。
47	聞き上手ぶりを発揮して、周囲の意見をまんべんなく上手に取り入れられる年。結果、みんなが協力的になり、結束の強いチームができます。

かに教えたり公開したりして、そこから収入が発生することなどがあります。今すぐお金にならなくてもきちんと返ってくると信じ、自分のスキルを磨いてください。

合計数別2024年のお金の増やし方

2	自分の今までの経験や学びがお金を生み出す年に突入。楽しみながら発信してみると、そこから収入に繋がるオファーが舞い込んでくることに。
8	どんな状況でも、最後まで諦めない気持ちが金運を呼び込みます。妨害が入っても、最初に立てた計画通りに物事を進めていくと大きな収穫が得られます。
41	自分が前に行くだけでなく、他人をサポートする側にも回ると、評価が驚くほど高まります。同時に信頼度もアップし、つられて評判も報酬もうなぎ上りに。
47	目標を明確に定めると、一気にやる気と集中力が高まります。困難をものともせず、がむしゃらに進んでいけるため、周囲も羨むような成功を収めます。

話ができるのがあなたの長所でもあります。ですが、この年は自分が苦手と感じる人には近づかないようにすると、トラブルに巻き込まれることがなくなります。

合計数別2024年の家族との関係

2	家族の愛に支えられて成長する年回りです。変に気を遣わなくてもいい、安心できる環境で、しっかり自分の夢を叶えるための計画を立ててください。
8	年長者の話をじっくり聞いてみると思いがけない気づきが得られます。昔からの知恵によさを見出し、尊重できると、家族関係がより良好になっていきます。
41	誰とでもうまく接し、立ち回ることができる能力を活かして家族の結束を強固にできます。我慢しすぎず、適度に自分の意見を出すとストレスフリーに。
47	その場にいるだけで家族みんなが不思議と笑顔になれる存在に。家族内で揉め事があったら、あなたが間に入ることですべて丸く収まります。

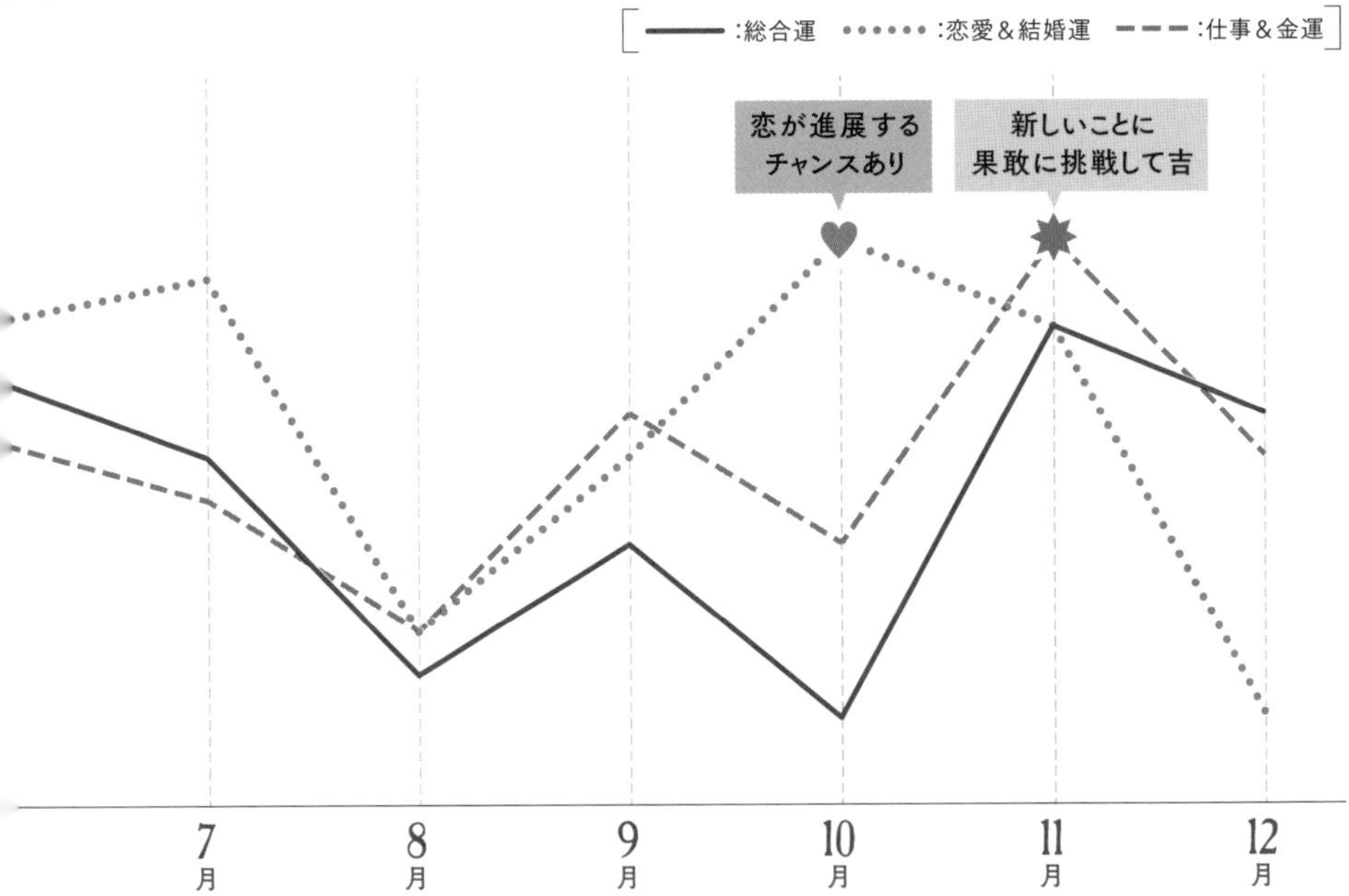

4月

心身共に疲れやすさを感じやすいとき。周囲に助けられ、人の温かみをひしひしと感じることもありますが、求めすぎると運気が低迷してしまうので、ほどほどにして。

5月

少しずつ調子が上向きになっていきます。周囲の手を借りながら、自分の望みを叶えていってください。新しい仕事やお稽古事を始めるのなら、この月が断然おすすめです。

6月

理想を丁寧に描きながら行動すると、それが手に入る強運に恵まれます。特に仕事運・金運が良好なので、転職を考えている人はトライしてみて。情報収集も念入りに。

10月

思ったように物事が運ばず悶々としますが、ここを乗り越えれば運気は再びよい方向に動き出します。恋愛面に関しては、支えてくれた人との恋が最高の結果を迎えます。

11月

やる気に満ちており、多少の逆境にもめげません。運気に勢いがあり、仕事も恋も順調なのですが、一方で他人を思いやることを忘れがちに。気配りを怠らないように。

12月

大きな出来事は特段なく、淡々とのんびり過ごせる月です。今までやってきたことを振り返り、今後も続けるかどうかじっくり考えて決めて。正しい選択ができます。

2024年の月運

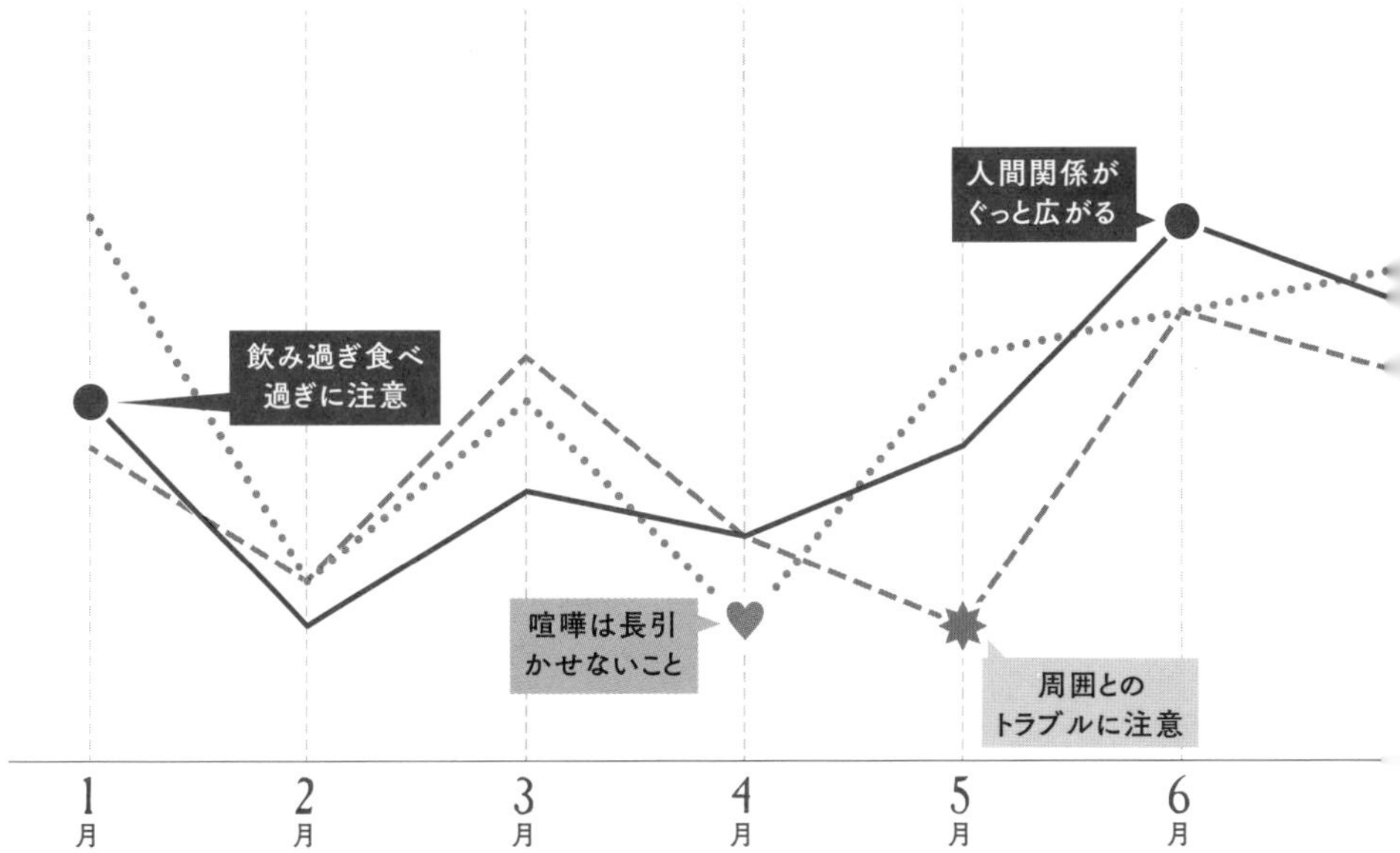

2024年　月ごとの一言アドバイス

1月

不安でも思い切って一歩を踏み出すと世界が広がります。あらゆる経験が学びになる時期です。恋愛運は好調ですが、調子に乗って〝素〟を出しすぎないよう気をつけて。

2月

新しい挑戦は控え、守りに徹するとよい月。開始よりも完了させることを意識して。また一人で行動する時間を増やし、自分との対話を大事に。この月は読書もおすすめです。

3月

不思議なほどに力が湧いてきて、何でも達成できると感じるとき。恋でも仕事でも、相手のために力を貸してあげてください。後々思いがけない方向から返ってきます。

7月

他人の意見よりも、自分がどうしたいのかをはっきりさせてから物事に向き合ってください。恋愛も流されなければよい出会いに結びつきます。真剣に相手と対峙して。

8月

慎重になりすぎるとチャンスを逃してしまいます。一人では無理だと思ったら、周囲に協力を仰ぐとよい結果が得られます。どんなときも感謝を忘れないことです。

9月

今までコツコツやってきたことが少しずつ花開く運気です。他人に何を言われても気にせず、とことん集中することが成功へと繋がります。決して投げ出さないでください。

2024年

えびすさんの取扱説明書

POINT 1

問題はその場で解決してあげて

何か問題や不満があったらあえてその場で伝え、すっきり解決するようにしてください。後になってあれこれ言うと、この一年のえびすさんは言った人への不信感でいっぱいになり、人間関係がうまくいかなくなります。遠慮せず、その場で言いたいことを言ってあげる方が誠実な人とされ、信頼度も高まります。

POINT 2

不安そうなら手を差し伸べる

予期せぬ突発的な出来事にとても弱くなります。困ると一人でパニックに陥ってしまい、周囲に助けを求めることもしないので、気になったら「どうしたの？」と声をかけてあげてください。義理堅いので、その恩を忘れず、いつか恩返しをと考えてくれます。そのため、一度信頼関係が築けると壊れることはありません。

POINT 3

常に笑顔で明るい人を好む

もともと広く浅く、楽しいお付き合いが大好きです。そのため性別を問わず、いつもニコニコ明るい人に自然と惹かれていきます。人の不平不満やネガティブな話が苦手で、さっと距離を取るので、常に明るくポジティブな話題を提供してください。無理に関係を深めようとしなくても、仲良くなれば次第に心を開いてくれます。

2024年の

年の吉方位

北東　南　南西

月の吉方位

月	吉方位
1月	北東
2月	南
3月	北東、南、南西
4月	北東、南、南西
5月	南
6月	北東、南西
7月	南西
8月	南
9月	北東、南西
10月	北東、南西
11月	南
12月	北東、南西

ラッキーカラー＆アイテム

ラッキーカラー

- ブルー
- エメラルドグリーン
- アプリコット

ラッキーアイテム

- ドライフラワー
- ランチョンマット
- 《宝石》カイヤナイト

弁天さん

夢と理想を持ち
実現のため
前向きに生きる人

2024年の幸運メッセージ

一日5分の瞑想が
幸運を引き寄せる
道標になるとき

急がば回れ。
焦りを感じるときほど
息を整えて丁寧に

周りの声に
耳を傾けた分、
あなたにも注目が集まる

合計数別 2024年にあなたが摑むチャンス

4	自分の勘や直感を信じてよい一年です。その閃きはあなたが幸運を摑むための重要なシグナル。気づきを大切にするほど直感はグングン磨かれます。
10	夢見ていたことやプロジェクトが軌道にのってどんどん飛躍するときです。周囲からの助けもあって、驚くほど素晴らしい結果を手にすることができます。
16	たくさんの交流の中から、素晴らしいパートナーを見つけることができます。仕事もプライベートも充実し、満ち足りた生活を送る一年になります。
33	目上の人から引き立てを受けられるとき。高い志と勇気、そしてオリジナリティを大切にすることで、以前から思い描いていた輝かしい日常が手に入ります。
39	自分磨きのチャンスが得られるとき。公私問わず、活動範囲が広がることで新しい出会いも期待できます。世界が変わったなと実感することもあります。
45	努力の成果が花開く一年になります。それなりにプレッシャーもありますが、自信を持って取り組めば無事に乗り越えられます。さらなる飛躍が期待できます。

基本性格・総合運

すぐ結果が出なくても焦りは禁物。ゆっくり幸運を待ち受けて

芸事とお金を司る神様、弁財天。帝王サインが「弁天さん」の人は感受性が豊かで何事にも一途。そして常に自分なりの夢や理想を追い求めます。自分の将来についてのビジョンをしっかり持っており、それを叶えるための努力を怠りません。ある程度、高い理想を掲げ、諦めずに達成しようと前向きな心を持ち続けます。単に夢を思い描くだけでなく、実際に実現のための工夫も楽しみながらできる人です。

そんな弁天さんの２０２４年の運気は安定的です。あなたにとって、これから喜ばしいことが起こる兆しが見え始める年。人から注目されやすくなったり、高く評価されたりする出来事があり、心が高鳴ります。何となくよいことが続いている、人から褒められることが多い、と感じたら、運気が上昇する前兆です。そんなときは焦って自分から動かず、どんと構えてチャンスの到来を待っていてください。

また、これまで温めてきた計画が少しずつ動き出すとき。周りの協力や人脈を得られ、目標に大きく一歩近づけます。少々多忙になりそうですが、心身共に充実しているこの時期は努力によって乗り切れます。意欲に溢れている一方で、疲労を溜め込みすぎる傾向も強まります。しっかりと休息を取り入れながら、成果へ繋げてください。

何をするにも準備に時間がかかりがちなこの年は、早く結果を出そうと焦って動いてしまうことも。しかし、思い切った行動を取るには不向きなとき。必要な人や物の準備をきちんと整えてから動くようにすると、望んだ通りの結果を引き寄せられます。

[出会いを求める人の | 恋愛・結婚運]

たくさんの出会いから宝石のような恋を発掘

少々時間がかかりながらも思い描いていた理想が手に入りやすいときです。出会いを探している人は、友人や家族、職場関係での繋がりからご縁をいただける可能性が高い模様。マッチングアプリや婚活サイトを利用するのも悪くありませんが、その場合は費用がかかっても信頼と安心が得られるところを利用してください。ゆっくり発展する運気なので、第一印象はピンとこないかもしれませんが、回を重ねるごとにお互いの気持ちも馴染んでいきます。友人のような気軽な関係が築けるようになれば、あとは相手から情熱を注いでくれます。

結婚運も悪くありませんが、急ぐと相手が引いてしまいます。２０２４年いっぱいはお互いの信頼関係を築き、２人だけの時間を楽しむというつもりで。結婚は来年以降に計画する算段がおすすめです。何事も「最初に計画を練ること」が肝心です。早く結果を出そうと焦らないようにしましょう。

おしゃかさん

弁天さんの方が夢中になって追いかけたくなる年に。おしゃかさんの価値観や意思を尊重すれば、そこそこよい関係を保てます。

おふどうさん

自然体で一緒に過ごせる時期です。ときめきは少ないけれど結婚相手としては互いに最高の相手です。穏やかな関係が築けます。

あまてらすさん

恋は瞬間的に燃え上がり、次第に尻すぼみになっていくとき。むしろ恋に関係なくコミュニケーションを取ることでうまくいきます。

大黒さん

最初は少し戸惑いながらも、時間をかけて馴染んでいく年に。弁天さんにとって大黒さんは、結婚後は素晴らしいパートナーになります。

ガネーシャさん

馴染むまで時間がかかります。しかし感性がかみ合えば恋愛として発展可能な年回りです。弁天さんの方から心を開いてみること。

大仏さん

自分にない部分が新鮮に映り、惹かれ合うとき。弁天さんは自分のわがままを抑えることで、大仏さんと仲良く過ごせます。

恋をしている人の　恋愛・結婚運

この年は準備期間。来年を目安にじっくり行動を

運気は上昇気流に乗り、あなたへの注目度が高まるときです。恋愛への意欲を高めながらも、相手の出方をじっくり待つことが大切になります。今まであなたが想いを温めていた分、今度は相手があなたを追いかける番になります。ただし何もせずに待っているだけではチャンスも去っていってしまいます。相手にあなたと「会いたい」「話したい」と思わせるように、自分をしっかり磨いておいてください。

交際中の人は、結婚の話がそろそろ出てくる模様ですが、思うように進まない可能性があります。急いでゴールを決めず、来年を目安に準備を整えてください。恋人と二人三脚で進めていくことで、結婚後の信頼度がより深まります。逆に、少しでも心配がある場合はズルズルと持ち越さずに、今のうちに解決しておくことです。また疲れが溜まると運気もダウン。健康を大切にしながら無理のない範囲で話を進めてください。

帝王サイン別　2024年の相性早見表

おじぞうさん

互いに自分の世界を大切にすることがこの年の円満の秘訣です。深い信頼関係で結ばれていれば、離れていても関係は安泰です。

竜神さん

竜神さんは一緒にいて心がリラックスできる相手。しかし弁天さんにはどこか物足りなく恋愛に発展せず友人止まりで終わる可能性が。

風神さん

穏やかな関係を築くことができるときです。弁天さんがピリッと気を引き締めて自立することで、風神さんとよい関係が築けます。

えびすさん

相手にとって弁天さんは憧れの存在。この年に恋愛関係に進みたいなら、弁天さんはそのイメージを壊さないように甘えさせてあげて。

弁天さん

自己主張が強くなり衝突しやすいとき。しかし、ケンカをしても互いに惹かれ合う気持ちを抑え難く、結局一緒に過ごすことになります。

雷神さん

長時間一緒にいると互いに相手を疲れさせてしまいやすいとき。会うなら短時間でサクッと遊んだ方が雷神さんの心を惹きつけます。

仕事運

ゴールはすぐ目の前。焦らずじっくり進んで

余計なことに煩わされずに勉強や仕事に本腰を入れて取り組むことができるとき。この年は今までの努力がじわじわと評価され、周りからの注目度も高まっていきます。計画を立てて段階を踏みながら進めれば、いずれ大きなチャンスが手に入ります。

人間関係も良好で、周りから協力してもらえたり、新しい人脈が増えたりと賑やかに発展する運気です。持ちつ持たれつの関係を築くことができます。困ったときは一人で抱え込まずに周囲を頼るようにしてください。スム

金運

金運は安定期に突入。地道に足場固めを

大きな変動もなく、収入・支出共に今までとそれほど変わらない模様です。ただ、社交運が上昇しているため、飲み会などの交際費が思ったよりかさみます。とはいえ、ケチケチすると運気を下げる原因になりますので、交際費や自己投資は無理のない範囲内で、必要経費として使ってください。

ギャンブルなど棚ぼた的なラッキーはいまいちの年です。データ解析である程度読めるものであれば、勉強次第で利益を上げられますが、なかなか難しいもの。欲張らずほどほどで切り上

人間関係

優しさに囲まれた温かな環境に恵まれる

2024年の人間関係は素晴らしい運気に満ちています。あなたと周囲の人との関係は良好、穏やかな雰囲気に包まれて楽しく過ごすことができます。対人関係でトラブルが起こったとしても、協力してくれる人が現れ、あなたを助けてくれます。

困ったときは一人で悩まず、周りや目上の人に相談してください。アドバイスを授けてくれたり、現実的に手助けしてくれたりします。難題で具体的な解決法が見つからなくても話すことで心が軽くなり、少しは悩みが気にな

ーズな解決に繋がります。

転職は自分で積極的に探すより、転職エージェントや周りに動いてもらった方がうまくいきます。副業も仲介を挟んだ方がスムーズに進みます。

合計数別2024年の仕事での活躍

4	全力で集中する、全力で休むなど、何事もしっかりと本腰を入れることが効率アップに繋がります。
10	遠回りでもコツコツ進めることを心がけてください。丁寧に取り組む姿勢が、結局のところ一番の近道になります。
16	閃きやアイデアは成功への道標です。周りにアウトプットすることで、理想は現実へと変わっていきます。
33	あなたの勇気ある行動は周りを引っ張り、成長させます。自信を持って前に進んでいってください。
39	変化を求める姿勢がよりよい結果を招きます。無駄を省いて効率的に動くこと。少しでも仕事を〝楽〟なものに。
45	感謝と思いやりの心が幸運の鍵になります。細やかな心配りも場の空気を和やかにする潤滑油になります。

げることが大切です。

この年は地道な努力と学びが金運アップの鍵になります。とくにＦＰや金融商品の知識は大いに役立ちますので、身につけてください。

合計数別2024年のお金の増やし方

4	無駄遣いや衝動買いを徹底的にセーブすること。やはり出費を抑えることが最強の貯蓄法です。
10	まずは現状を見直すことが大切。自分をしっかり見つめて判断すれば自然とお金の流れも安定してきます。
16	貯蓄よりも投資の方が結果を出せる年です。ただしギャンブルは絶対に禁物。安定感があるものを第一に選んで。
33	人脈が金脈へと続いていくときです。家族はもちろん、目上の人との縁を大切にしてください。
39	才能を活かして副業で稼ぐことがおすすめ。計画的に進めていけばいずれ副業が本業に変わることもあり得ます。
45	この年、お金は貯めるより賢く運用した方が満足感が得られます。それには正確な情報をキャッチすることが重要。

らなくなります。

ただし甘えてばかりいると運気が下がり、交流の幅も狭くなります。協力者に頼りすぎずに、バランスのよい関係を心がけてください。

合計数別2024年の家族との関係

4	家族とは「つかず離れず」がちょうどよい距離感のときです。会ったとしてもなるべく短時間で切り上げて。
10	家族とはなるべくマメに連絡を取り合い、情報交換を行って。そうすることでトラブルを事前に回避できます。
16	家族だからと言って甘えてしまうと衝突することが。相手を尊重し、節度ある振る舞いを心がければ問題なし。
33	祖父や祖母、父母などの目上の人を尊重すること。敬意を抱く姿勢が巡り巡ってあなたの幸運に繋がります。
39	親や家族の愛情をダイレクトに感じる出来事が起こります。ありがたさを胸に、できるだけ孝行してください。
45	家族のために忙しくなる可能性がありますが、苦にはなりません。あなたにとって今後のよい経験にも。

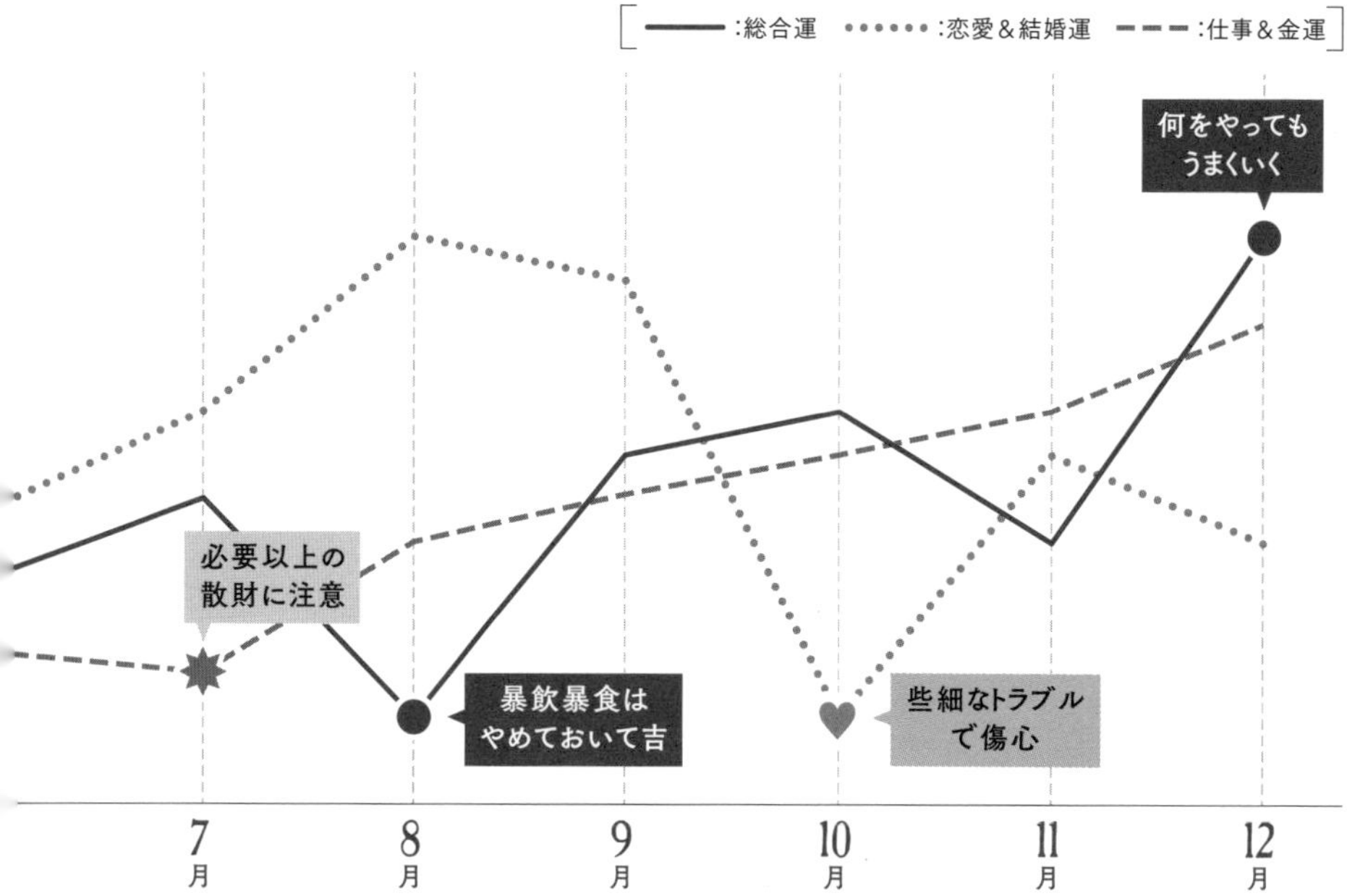
:総合運
:恋愛&結婚運
:仕事&金運
何をやっても
うまくいく
必要以上の
散財に注意
暴飲暴食は
やめておいて吉
些細なトラブル
で傷心
7月
8月
9月
10月
11月
12月

4月

運気は上昇気流に。何かと声がかかり、幅広い活躍を求められます。しかし、あなた自身は一つのことにじっくり取り組んだ方が周囲の信頼が得られるときでもあります。

5月

この月は周りの人を優先し、自分は縁の下の力持ちとしてサポートに徹してください。献身的な行動が注目され、引き立ててもらえます。恋愛面は変化が少ないときです。

6月

運気は低迷し、頑張ってもよい成果が見込めないとき。充電期間と割り切り、一人の時間の充実を図って。心身を休めたり、スキルアップで磨きをかけたりしてください。

10月

保守的な運気。積極的に動こうとしても空回りしてしまいます。こんなときは流れに身を任せ、焦らずのんびり過ごして。恋は進展が少ないので、静かに次の展開を待って。

11月

集中して物事に取り組むとよい月。妥協しない姿勢が物事への完成度を高め、さらに周囲の信頼にも好影響を与えてくれます。この月の働きぶりが先々の飛躍に繋がります。

12月

強力な運気の波に乗って大きく発展していけるとき。周囲への気配りを怠らなければ、あなたにとってのラッキーチャンスも手に入ります。ただし恋愛面の進展はイマイチ。

おじぞうさん
竜神さん
風神さん
おしゃかさん
おふどうさん
あまてらすさん
えびすさん
弁天さん
雷神さん
大黒さん
ガネーシャさん
大仏さん

2024年の月運

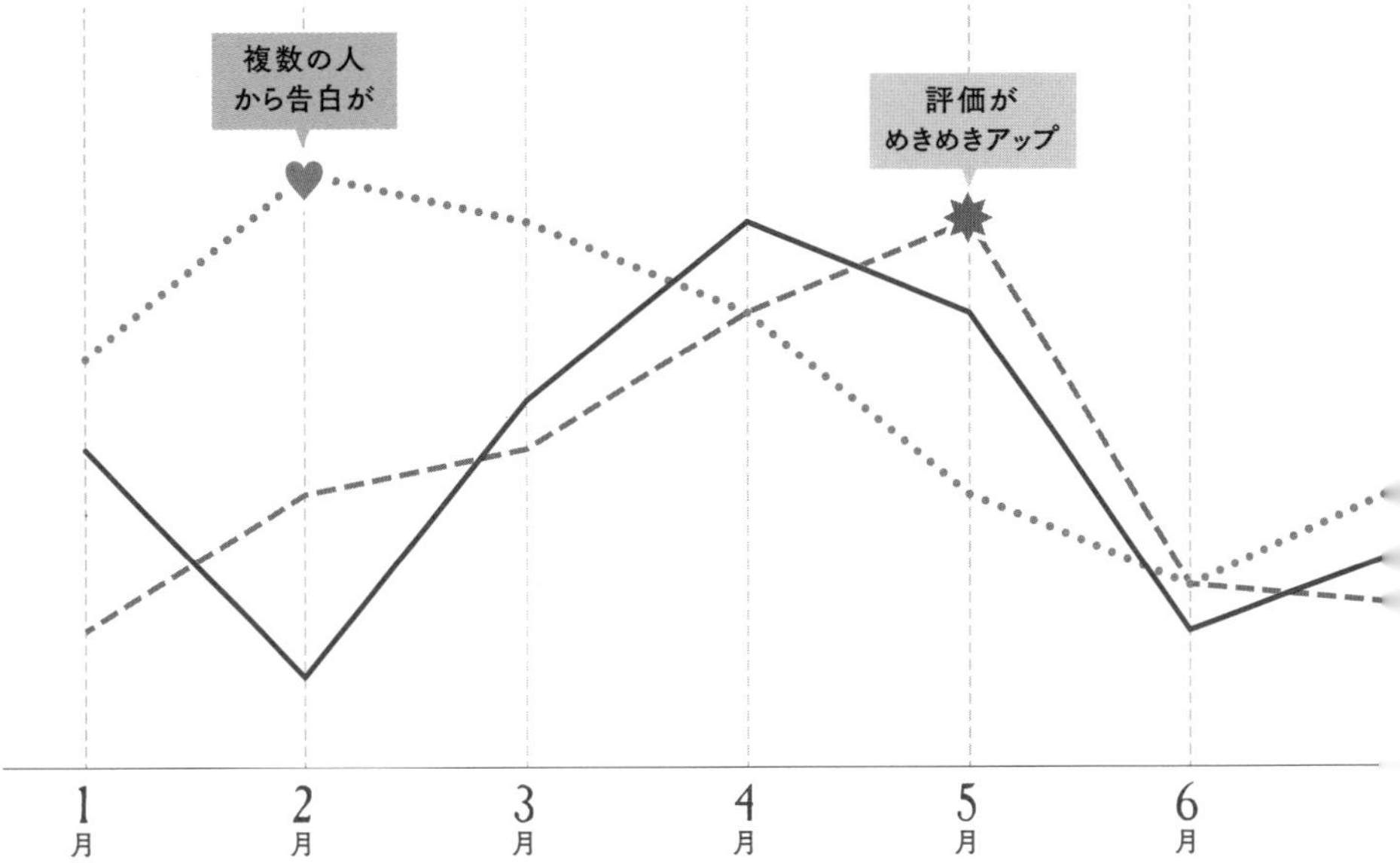

2024年 月ごとの一言アドバイス

1月

恋愛面は比較的安泰です。直感が働き、物事の本質を鋭く見抜くことができます。一方で新しいことには不向きなとき。特に仕事については現状を守り、堅実に進んで。

2月

運気は低迷し膠着状態へ突入。無理をしても空回りしがち。今は充電の時期と考えて、受け身に回るか息を潜めて様子を見てください。唯一恋愛面はよく、会話が楽しい月。

3月

転換期を迎える月。波に乗って大きく動ける運気ですが、周囲に流されやすい傾向も見られます。目標をしっかり定めて、コツコツ進めていくとよい時期です。

7月

やる気がみなぎるものの、空回り気味で思うように進まないときです。欲張らず地道に努力を重ねてください。恋愛面では素直な振る舞いが人から好かれるポイントに。

8月

恋愛運はこの年2回目の絶好調期を迎えます。思いがけない人からアプローチが。ただし仕事面も多忙でストレスが溜まりがちに。お気に入りの方法で発散してください。

9月

社交運が高いのですが、何かと惑わされることも多く不安や迷いが増えます。周りの声を気にせず自分の心に従って行動して。恋愛面でも素直な言動が幸せを呼びます。

2024年

弁天さんの取扱説明書

POINT 1

気さくに声をかけてあげる

この年、なかなか気持ちを素直に見せない弁天さん。警戒心が強く人見知りする傾向が強くなります。また態度がギクシャクしがちです。もしあなたから見て「反応が冷たい」と感じる場合、人見知りをしているか、意識しすぎている可能性があります。嫌われているわけではないので気軽に話しかけ、気持ちをほぐしてください。

POINT 2

嘘は禁物。誠実に向き合って

弁天さんは嘘や駆け引きが嫌いです。直感も鋭く隠し事をしてもばっちり見抜かれてしまいます。そして、安心できないと感じると心を閉ざしてしまいます。特にこの年、嘘やごまかしは禁物。弁天さんに対しては、常に真心をこめ、誠実に向き合ってください。お互いに安心できる関係作りを心がけるのが何より大切です。

POINT 3

頼ってあげると心を開く

この年の弁天さんはとても献身的になり、進んで人の世話を焼いてくれます。誰かから頼られると手を差し伸べずにはいられません。仲良くなりたいときは遠慮せずに相談したりお願い事をしたりして頼ってください。躊躇することもなく、すぐ親身になって寄り添ってくれます。もちろん感謝の言葉は忘れないでください。

2024年の

年の吉方位

南東　南

月の吉方位

1月	2月	3月	4月	5月	6月
北東	南	南	南東 南	南東	南東

7月	8月	9月	10月	11月	12月
南東	南東 南	南	南	南	なし

ラッキーカラー＆アイテム

ラッキーカラー

- ベージュ
- ワインレッド
- モスグリーン

ラッキーアイテム

- 磁器製のティーカップ
- 三つ折り財布
- 《宝石》マザーオブパール

雷神さん

慎重さと大胆さを
併せ持ち
成功を目指す

2024年の幸運メッセージ

周りに流されず コツコツ努力すると 結果に繋がる	人に頼ることで 援助運に恵まれ 協力を得られるとき	心身を穏やかに 保つことが 幸運を引き寄せる鍵に

合計数別 2024年にあなたが摑むチャンス

12	あなたの地道な努力を見てくれている人がいます。何につけ、頑張りが無駄にならないときです。すぐに形として報われなくとも、真っ直ぐに目標を目指して努力を継続していくことで、やがて周りから高く評価され、引き立てや大抜擢に繋がっていきます。
18	これまで培ってきた知識や経験が認められるチャンスが訪れます。困難な場面であなたの知識や技術が役立ち、周りからの注目度がアップ。それにより、あなたの力が高く評価され、新たな活躍の場を与えてもらえるのです。
31	何気なく見せたあなたの気遣いや優しさに注目が集まるとき。あなたの人柄に好感を覚える人が、よい評判を広めてくれます。自然とあなたに近づいてくる人が増え、新たなご縁が広がるのです。良縁や人脈を引き寄せるチャンス年といえます。
37	困難な状況に陥ったときに、あなたの本領が発揮され、注目されることに。周りが困っている場面で、あなたは冷静に解決策を見出し、そのおかげでピンチを脱することができるので、あなたに対する評価は大きく高まり、引き立てを得られます。

基本性格・総合運

運気が味方して
順調に成功へと近づける

稲妻のごとき瞬発力を持ち、何事にも大胆に突き進んでいく雷神。帝王サインが「雷神さん」のあなたは慎重でありながら行動的な人です。一見、相反するように思われますが、大胆に動けるのは機が熟すタイミングを見極める目と冷静さが備わっているということ。常に落ち着いて判断できるためリーダー的立場に推され、実際に力を発揮。人望も厚く、また何事につけプロとしても十分に活躍できます。

そんな雷神さんの２０２４年ですが、多忙な時期を過ぎ、穏やかに過ごせる一年になります。心身共に落ち着き、先を見通す目が養われることから、今後の計画を練ったりやるべきことをきちんとこなしたりするのに最適な年です。

この年は自分自身に目を向けやすくなり、周りに流されることなく、自分が何をやりたいのか、どうするべきかが見えてきて、迷いなく行動を起こせます。それにより、将来の目標を達成するために大きく一歩前進。自分にとって必要なことや足りないものが明らかになり、それを補ったり伸ばしたりするために地道に努力できます。すぐに結果を求めるより、長期的な目標を目指して努力をすると報われやすいのです。

決断を急ぎすぎるとチャンスを逃すため、事態を冷静に見極めることが必要。それさえできれば、誤った判断を下すことなく、順調に成果を上げて成功へと近づけます。大胆な行動を起こすには不向きなときですが、心を落ち着けてコツコツと取り組めば、運気が味方してくれます。

出会いを求める人の 恋愛・結婚運

心から信頼できる人とご縁が発展するとき

新たなご縁に恵まれる兆しがあります。この年のあなたはとても前向きで明るい雰囲気が滲み出ていて、多くの人の目を惹きつけやすいのです。あなたと話しているだけで心が癒やされると感じ、相手の方から近づいてくる場面が増えます。自然と出会いも増えるため、多くの中から自分に最も合う人を見極めなければなりません。

いくつかの出会いを経てから、案外身近な人とのご縁が発展しそうです。これまで近くであなたを見守っていた人から交際を望まれることも。一つ言えるのはあなたが心から信頼できる人と結ばれるということ。勢いで結ばれたり、まだよく知らない人と急展開したりすることはありません。仮にそういった展開があったとしても、短命な恋で終わります。

じっくりと関係を築いて恋を深めていける年となるため、結婚にも最適。この人こそと思える人と、将来を意識した真剣な交際ができます。

おしゃかさん

尊敬し合える一方、近づきすぎると合わない面も出やすくなるとき。クールなおしゃかさんに雷神さんは適度な距離感で接して。

おふどうさん

刺激を与え合えるため、とにかく楽しく感じられる年に。雷神さんにとって、一緒にいると心が楽になる相手です。

あまてらすさん

雷神さんとあまてらすさんは全く正反対。だからこそ興味を引かれてやまず、相手から刺激をもらうたび想いを通わせていきます。

大黒さん

一緒にいるとそれぞれの役割が明確に分かれ、尊重し合えるとき。居心地がよく、自然と結婚に繋げやすい年回りです。

ガネーシャさん

互いに我先にと自分がリードしようとする2人。この年は相手を尊重し譲り合う心を持てば、切磋琢磨し合うよい関係を保てます。

大仏さん

互いに競い合いながら成長できるときです。相手の素晴らしい一面を認め合い、尊敬の気持ちを抱きながら関係を深めていけます。

恋をしている人の 恋愛・結婚運

問題がチャンスに変わり嬉しい結果に

この年のあなたには、恋が深まるきっかけが待っています。ちょっとした障害や問題が起こるものの、実のところそれが恋を叶えるチャンスになります。あなたが困っているときに相手が助けてくれたり、２人で一緒に問題を解決したりして、恋が進展するのです。

大事なのは、問題が起こったときにすぐに相手に頼ろうとしたり、投げ出したりしないこと。あなたの真面目さや誠実さをアピールするチャンスと捉えて、真っ直ぐに向き合って。そうすることで、あなたの人柄のよさが相手に伝わり、あなたとの恋を望むようになります。

結婚には最適な年。じっくりと深い信頼関係を築けるため、恋が深まると自然と結婚の話が持ち上がります。お付き合いが長いなら、一気に話が進んで結婚に至ることも。相手がまだ結婚を考えていなかったとしても、この年はあなたとの結婚生活を意識するようになり、喜ばしい結果を引き寄せられます。

帝王サイン別　2024年の相性早見表

おじぞうさん

合うところや似たところが多く、深い部分でわかり合える年。おじぞうさんに甘えられ、雷神さんもまんざらではなくなります。

竜神さん

一見違う部分が多いものの、実は似ている面もあり、だからこそ惹きつけ合います。この年は一緒にいると面白く新鮮な刺激が得られます。

風神さん

合わない部分もあるものの、自分にないものを見出して憧れの感情を抱き合うときです。素直に認め合うとうまくいきます。

えびすさん

何でもハッキリと言い合える２人。雷神さんが相手の考えをしっかりと受け止め、理解を示すことでよい関係を築ける年です。

弁天さん

尊敬の気持ちを抱き合えるのが雷神さんと弁天さん。この一年は人としての魅力に惹かれ合ううち、恋が深まっていくときです。

雷神さん

補い合う相性を持つのが雷神さん同士です。この一年は自分の弱点を鏡を見るように相手から見出して反面教師にするとよい関係に。

仕事運

周囲の人を通じて好機を引き寄せられる

よい人脈を得られ、大きな仕事や取引先を引き寄せられます。責任ある仕事や役割を任され、プレッシャーはあるもののやりがいと充実感でいっぱいの年に。少々多忙にはなりますが、頭の回転が早くなり、これまで以上に多くの仕事量をこなせるようになります。

それに比例して周りからの評価も高まり、特に目上の人から期待され引き立てられます。

また、今ある仕事において昇進昇給のチャンスが巡ってきます。あなたの地位が高まり、周りから期待されると

金運

安定した金運で順調に貯蓄を増やせる

金運は安定し、大きく出ていくこともなく、順調に貯蓄を増やせます。気が緩んで使いすぎるようなこともありません。本業や副業での努力が認められることで少しずつ収入が増えます。この年は一攫千金といった出来事はなく、努力がそのままお金に変わっていきます。

人を通じてよい儲け話が舞い込みますが、裏があることも。軽率に受け入れると損をします。どんなに信頼できる相手であっても、お金に関しては自分で考え自分で判断するようにしてく

人間関係

深く長く大切にご縁を守っていくべきとき

多くのご縁を広げるよりも、周りにある大切なご縁を深めていく年になります。あなたの身にちょっとしたトラブルや問題が起こりますが、それが周りとの絆を深めるきっかけになります。うまく人に頼ることが、この年のあなたの課題。意地を張ったりプライドが邪魔をしたりして一人で何とかしようとすると、問題が大きくなります。それに対して、人に相談してみると、思いがけずすんなり解決し、よい方向に運びます。

深く長いご縁を大切に守っていくと

きでもあります。

この時期、勢いで転職したり新しい副業を始めたりといった行動は控えてください。どうしても動くなら、情報収集に時間をかけることが大事です。

合計数別2024年の仕事での活躍

12	仕事に慣れてテキパキと動けるようになり、これまで以上に多くの仕事量をこなせるようになります。完璧なまでの仕事ぶりが周りから高い評価を得ます。
18	判断力が高まります。大事な場面であなたの直感が冴え渡り、正しい決断ができるようになります。あなたの決断により物事がよい方向へと動きます。
31	妥協しない仕事ぶりが認められ、より大きな役割を任されます。期待に応えられるよう努力することで、昇進昇給へと繋がり、活躍の場が広がります。
37	不器用ながらも誠実に取り組む姿勢に好感を持たれます。与えられた仕事をコツコツとこなすうち注目が集まり、人を通じて思わぬチャンスを得られます。

ださい。

節約意識が高まりやすく、お金をきちんと守っていける年。ただお祝い事など必要なお金を出し惜しむと、金運の巡りが悪くなるため注意が必要です。

合計数別2024年のお金の増やし方

12	この年は、投資には向きません。地道にコツコツ貯金と節約を重ねるのが最も貯蓄を増やす近道となります。小銭でも大切に使う意識を持つことが大事。
18	支払い関係は月々に分けるよりまとめて行うのが賢明。一時的に大きなお金は出ていくものの、その後は貯蓄に意識を集中でき、お金が増えやすくなります。
31	つもり貯金、500円玉貯金などコツコツ貯める積み重ねがお金のご縁を引き寄せます。少額でもいかに大切に使ったり貯めたりできるかが金運アップの鍵。
37	収入源を増やすなら、本業に似た副業がおすすめです。あなたの持つ知識や技術を活かせる場を増やすことで、本業にもよい影響があり昇給できることも。

きと捉えてください。新たなご縁をつなぐときは、しっかり相手を見極めることが大事。信頼できる人と丁寧に関係を深めていくと、いざという時に助けられます。

合計数別2024年の家族との関係

12	家族に対しては、少々甘えが出るとき。自分の意見を押し通そうとして、家族の気持ちや考えが後回しになりがち。感謝の気持ちを持って接することが大切。
18	家族に見返りを求めてしまうことも。こんなにしてあげているのに……という思いがよぎったときは、相手がしてくれたことを思い出してください。
31	家族とちょっとしたイベントを企画すると絆が深まります。旅行や遠出、レジャー施設など、みんなで話し合って決めたプランでお出かけしてみてください。
37	何となくギクシャクし出したら、わがままになっていないか自分を見つめ直してください。ほんの少し言葉や考え方を改めると、良好な関係を保てます。

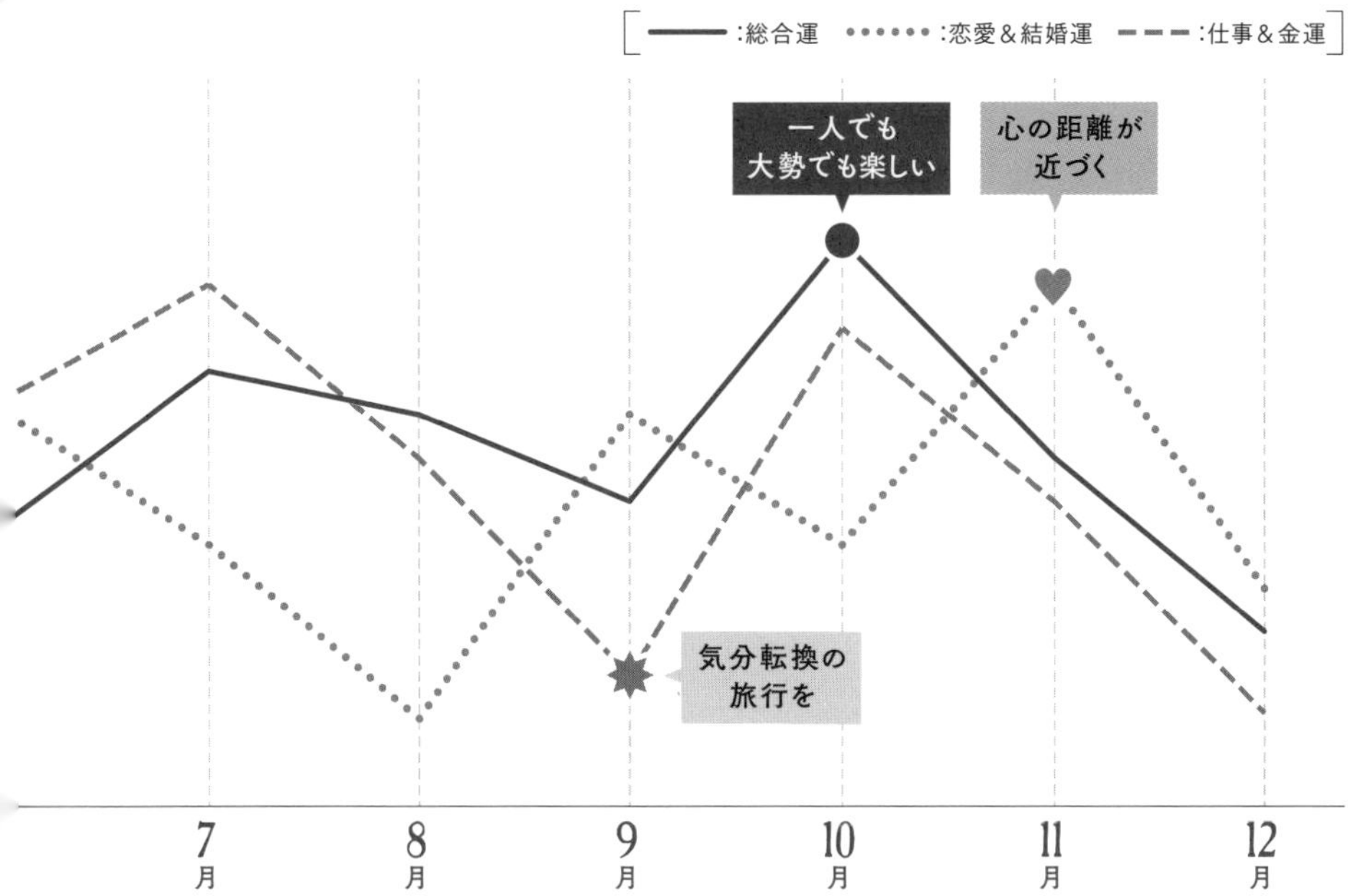

4月

何か大事なものが離れる、目標が一区切りつくなど、これまで取り組んできたものを手放すときがやってきます。新たな展開に向け一歩踏み出せる準備の月と位置付けて。

5月

あれこれと気を遣いすぎて疲れがちになります。心のリフレッシュがこの月のあなたの課題に。自分が心から楽しめることを見つけて。GWも近場に行くのがおすすめ。

6月

停滞する物事と大きく発展する物事と、両極端な結果となる月。この月の恋愛運は後者。今までなかなか進展しなかった恋が、思わぬ幸運や手助けによって動き出します。

10月

意欲に溢れ、自分の可能性を追求して新たな挑戦ができるとき。仕事で大きな役割を任され、あなたが主導して人を率いていく出来事が待っています。ミスを恐れず進んで。

11月

変化の月に。一見すると試練と思われる出来事も、正面から向き合い乗り越えるとそれがチャンスに変わります。また恋愛運が順調なとき。結婚話が浮上することも。

12月

新しいことを始める月。初めてのことに戸惑い、すぐに結果を出しにくいものの、目標を目指す過程に楽しさを見出せます。ただし見切り発車はダメ。準備は怠りなく。

2024年の月運

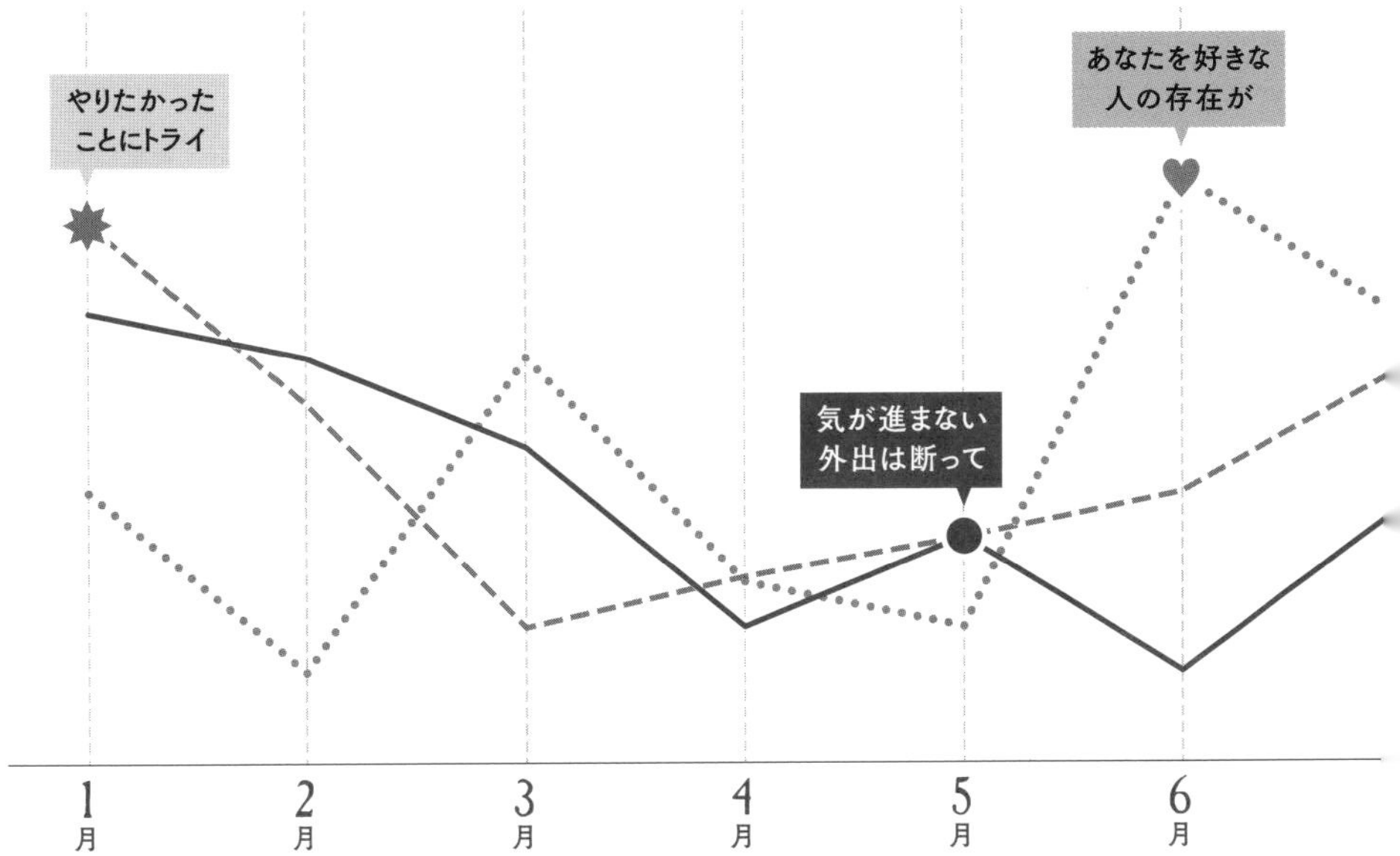
やりたかったことにトライ
あなたを好きな人の存在が
気が進まない外出は断って
1月
2月
3月
4月
5月
6月

2024年　月ごとの一言アドバイス

1月

ここまで温めてきた計画や物事が大きく動き出すきっかけが起こります。それを受けて、新たな方向性を見出し挑戦していける月です。仕事面・金銭面で大いに期待して。

2月

人のサポートに回ることでうまくいくとき。責任ある役割をこなすには不向きです。あまり無理することなく、心身を休めて次に備え、充電すべきときと捉えてください。

3月

これまで続けてきた物事に新たな展開が見られます。それに伴い、ちょっとした試練もあるものの、乗り越えるとこの先飛躍できます。恋愛面は大きな動きはなく、安泰。

7月

キーパーソンとの出会いの月に。あなたの才能や能力を引き出してくれる人物と巡り合い、目標に向けて背中を押してもらえるとき。チャンスと感じたら、躊躇しないで。

8月

コツコツ地道に努力を重ねられるとき。すぐに形としての結果に繋がらなくても、きちんと評価されているため心配いりません。恋愛面は好きな人との諍いやもめ事に注意。

9月

恋愛面は比較的安泰なのに対して、仕事面は不調です。ただし、なかなか結果に繋がらないものの、希望は見出せます。オンとオフの切り替えを上手にして乗りきって。

2024年

雷神さんの取扱説明書

POINT 1

サブリーダー的ポジションで活躍

この年の雷神さんは、リーダー的ポジションで活躍するものの、責任感とプレッシャーで心身が疲れ、自分らしい活躍がしにくくなります。ただ、サブリーダーや参謀的立ち位置なら、大活躍。心を落ち着けて周りを見回したり能力を発揮したりする余裕があり、大いに周りのために役立ってくれます。

POINT 2

集中しているときは放っておいて

何かに集中して取り組んでいるときは、そっとしておいてください。協力を申し出たり気を遣ったりする必要はありません。この年の雷神さんは、こうと決めたら凄まじい努力で目標を目指します。その妨げにならないよう、放っておくのが正解。心配しなくても、一段落つけば自然と周りに働きかけてきます。

POINT 3

やってもらいたいことはお任せで

自分のペースで物事を進めたいのがこの年の雷神さん。周りがよかれと思ってアドバイスや手助けをしようとすると、たちまち嫌になってしまいます。やってもらいたいことがあるなら、用件だけをまとめて伝えて、あとはお任せしてしまうとよいのです。試行錯誤しつつも、最終的には自力でやり遂げてくれます。

2024年の

年の吉方位

北東　南東

月の吉方位

1月	2月	3月	4月	5月	6月
東	北東 南東	なし	北東 南東	南東	南東

7月	8月	9月	10月	11月	12月
南東 南西	なし	北東 南東	北東	北東 南西	なし

ラッキーカラー＆アイテム

ラッキーカラー

- グリーン
- ブロンズ
- くすみブルー

ラッキーアイテム

- 花や緑の壁飾り
- 木製の小さな椅子、スツール
- 《宝石》アベンチュリン

大黒さん

義理人情に厚く
多くに慕われる
リーダー

2024年の幸運メッセージ

援助運に恵まれる この年は、周りに 頼るのが成功の鍵に	感謝の気持ちを きちんと表現すると 運気が好転	疲れたら 心を休めるのを優先 させる意識を持って

合計数別 2024年にあなたが摑むチャンス

14	よい人脈を引き寄せられるとき。日頃から周りに夢や目標を公言しておくことをおすすめします。周りの人たちが協力してくれ、必要な人脈を紹介してもらえます。
20	心からやりたいことが見つかります。それに向けて行動を起こすことでチャンスに繋げられます。具体的な目標を掲げて取り組むとよい方向へと働きます。
23	人からの評価を高めるチャンスの到来。他の誰も気づかないような小さな発見ができます。それを人に発信すると周りからの注目度が高まり、一目置かれます。
26	やってみたかったことに挑戦するチャンスを与えられます。大きな役割や責任ある地位を任され、やる気とプレッシャーの両方を感じることに。精一杯取り組むと吉。
29	直感が働き、幸運を見つけられます。他の人がまだやっていないこと、思いついていないことを探してみると、あなたが成功するための手がかりを得られます。
35	突然大きなチャンスが舞い込んだときは慎重になってください。飛びつくと思わぬ落とし穴があることも。長い目で見て得をするチャンスに目を向けることが大切です。

基本性格・総合運

自己鍛錬を重ねて チャンスを待って

福々しい笑顔と打ち出の小槌が印象的な五穀豊穣、財運や商売の神様、大黒天。義理人情に厚く、周囲が心地よく過ごせるよう気配りや配慮に長けているのが帝王サインが「大黒さん」のあなた。決して犠牲的精神を持つ人というわけではなく、周りの人が楽しければ自分も安心し、それが自身の喜びに繋がる気質の持ち主。一見、一歩引いているようですが、人から慕われることも多く、気づけばリーダーとして周囲を引っ張っていることもよくありますし、多くの人から人気を得ています。

そんな大黒さんのあなたの２０２４年は、心身共に穏やかな一年になります。派手に活躍するより、心静かに過ごしたいと望むように。運気は落ち着いていて、次の挑戦に向けて準備を整えるべきときを迎えます。ここで疲れをしっかりとリセットしたり、自己鍛錬を重ねたりしてチャンスを待つことで、運気が大きく好転していきます。

足りなかったものがどんどん補われていくのがこの年。やりたいことに対して、必要な人脈や道筋が揃ったり、努力によって学びを得られたりして、自分が成長するために必要なものが整います。それを受けて、今後の方向性を定め、一歩を踏み出していくことが大切になるときです。緩やかながらも、努力によって運気も高まりを見せていき、少しずつ報われていくのを感じられる時期となります。

また直感が冴えやすくなり、正しい判断や選択ができます。迷ったときは、周りの意見よりも自分自身で出した答えを優先してください。失敗の少ない道を選べます。

出会いを求める人の 恋愛・結婚運

将来に繋がる出会いあり。会話が弾む相手が吉

出会いのチャンスが舞い込みます。多くの人が集まるイベントや出会いの場で、あなたを気に入って近づいてくる人が。合コンや婚活パーティー、友だちの紹介などにもツキがあるときです。少々受け身でいても、相手の方から興味を持ってアプローチしてきます。ただし、最初から運命の相手が近づいてきてくれるわけではないため、相手を慎重に見極めることは必要です。

誠実そうだなと感じられる人に出会えたら、会話やメッセージのやり取りを重ねてください。共通点を探ってみると、それがきっかけとなって親しくなれます。途絶えることなくやり取りを楽しめる相手とご縁が繋がっていきます。

この年に出会う人とは、一度ご縁が深まると、将来まで意識した真剣なお付き合いになります。そのため一時的な感情に流されず、結婚生活をイメージしながらじっくりと相手を見極めると良縁を摑み取れます。

おしゃかさん

ゆったりのんびりと仲を深めていけるときです。関係が発展するまで互いに理解しようと努力し、丁寧に信頼を築いていけます。

おふどうさん

おふどうさんが大黒さんの望むものを満たしてくれるため、この年はとても居心地よく感じられる相性。違う部分を認め合うとなおよし。

あまてらすさん

補い合う相性のとき。自分にないものを持つ相手に憧れます。相手のために尽くしたりそのお返しをしたりするのを楽しめます。

大黒さん

同じ夢や目標を追い求め、一気に相性が高まる年です。同じものを目指しながら支え合え、長くよい関係を築けます。

ガネーシャさん

大黒さんとガネーシャさんは、互いの気持ちや考えが手に取るようにわかる年。一緒にいて安心でき、居心地よい関係を築いていけます。

大仏さん

まるで昔からの親友同士やきょうだいのような安心感と居心地よさを抱き合う一年に。常に一緒にいるのが当たり前に感じられます。

恋をしている人の

恋愛・結婚運

楽しい刺激で関係が盛り上がるとき

一緒にいるのが心地よい、楽しいと思える年になります。お互いにあれこれと楽しい提案をしてデートを盛り上げたり、他の友だちも誘ってイベントを企画したりなど、ちょっとした出来事を通して恋を充実させられます。

また、この年は2人に共通の目標や協力し合える出来事が見つかります。仕事で成功したら同棲しようとか、一緒にこれを成し遂げようといった共通の物事があり、それを2人で乗り越えたときに一気に絆が深まります。その勢いで結婚の話が持ち上がり、婚約へと進むことも。

すれ違ってしまったときは、相手に察してくれることを期待せず、ハッキリ問題点を指摘することが大事。お互いにモヤモヤを抱えた状態が続くと関係に亀裂が入りかねません。ただし、言葉の使い方には十分気をつけて、決して相手を傷つけないようにしてください。それさえできれば、順調に恋を育んでいき、結婚へと話を進められます。

帝王サイン別　2024年の相性早見表

おじぞうさん

互いにロマンティックな雰囲気を好み、心を刺激し合える年回りです。相手の発想やひらめきに心を惹きつけられ、愛が深まります。

竜神さん

似た部分と違う部分、両方を持ち合わせる2人。この年は理解し合うまでは時間がかかるものの、楽しい場で一気に打ち解けます。

風神さん

この一年は誰より深い信頼を築ける大黒さんと風神さん。お互いを理解するまでに多少時間がかかるものの、その分絆は強くなります。

えびすさん

大黒さんとえびすさんは正反対ですが、この年は互いを補い合えます。自分にないものを相手に見出して憧れます。結婚するのに最適。

弁天さん

この年は自然とよい関係を築ける2人。一緒にいると居心地よく、互いに何ら無理や我慢をすることなくそばにいられるときです。

雷神さん

楽しいことが大好きな大黒さんと雷神さん。この一年一緒にいると刺激を与え合い飽きることがありません。新鮮な雰囲気を保てます。

仕事運

勝負運に恵まれ交渉や取引が成功

安定した仕事運となります。コツコツ努力してきたことが認められ、順調に成果や評価へと繋がっていきます。目標に向けて計画を練ってきたなら、この年実行に移すチャンスが巡ってきます。慎重になりすぎないのが成功の鍵。いざというときには思い切って決断してください。

また、勝負運にも恵まれているこの年は、取引や駆け引き、勝負事において大きな力を発揮できます。相手の考えを読みながら有利な条件を持ち出し、交渉を成功させられます。厄介な

金運

臨時収入や昇給に繋がる強い金運

思わぬ臨時収入に恵まれる年になります。信頼できる人からよい儲け話が舞い込んだり、趣味の分野でお金儲けに繋がったりなど、予期せぬ収入が期待できます。ただしそれは一時的なもので終わります。長期的に収入を高めるには本業や副業での収入アップを目指すことが大事です。

昇給の交渉がうまくいきやすいこの年は、目上の人に能力や実績をアピールしたり、思い切った挑戦をして結果を出したりすると、よい方向に働きます。そのうち認めてくれるだろうと受

人間関係

ムードメーカーとして活躍できる

大きな問題もなく周囲とうまくやっていけます。ただ、周りの人同士の問題に巻き込まれることもあります。この年のあなたはムードメーカー的存在としてその場の空気をよくする力があるため、人と人との間に入って解決させるべく努力するとうまくいきます。そうすれば、あなたに対する評価も高まります。

またよかれと思ってあなたにアドバイスしてくる人が現れるとき。しかし、影響を受けすぎると目標達成が遠ざかります。常に自分自身に問いかけ

交渉をうまく乗りきると、その先に職場での評価が高まる出来事が待っていることも。相手に媚びるのではなく、とことん誠実に向き合うことが有利に働きます。

合計数別 2024年の仕事での活躍

14	職場でムードメーカーとして重宝されます。温かい雰囲気と人柄で人間関係がスムーズにいきます。
20	培ってきた知識や経験が役立ちます。問題が起こったときには積極的に関わり、解決策を提案してみて。
23	交渉を有利に運べます。よい仕事や取引先を得られたり、昇進や昇給に繋げたりするチャンスです。
26	協力者の存在を得て、よい結果に繋げられます。無理だと思っていたことが実現することも。
29	センスのよさが際立ち、周りからの注目を集められます。どんどんアイデアを提案してください。
35	困っている仲間の手助けやフォローをして感謝されます。後々思わぬ見返りを得られます。

け身にならず、積極的な姿勢を取るのが金運を高める鍵になります。

一攫千金とまではいかなくとも、強い金運に恵まれ金銭的にゆとりが生まれるのは確かです。

合計数別 2024年のお金の増やし方

14	小さなお金を大切にすることで大きなお金に繋がります。少額でも節約と貯金を徹底してください。
20	収入源を増やすときは、自力でやるより周りの意見やアドバイスを取り入れると、大いに成功します。
23	コンペなど実力による勝負事にはツキがありますが、運任せの賭けは金運を低迷させます。避けたほうが無難。
26	人と違った能力や才能をアピールすると、思わぬ儲け話が舞い込みます。結果、収入アップに繋がります。
29	人付き合いを活発にしておくと、思わぬ人脈が広がっていきます。新たなビジネスを始めるきっかけにもなります。
35	本業をまずは優先させることが大事です。本業で出した結果が自信に繋がり副業でも成功できるようになります。

て、答えを出すよう心がけることが大事。また、うまくいかなかったときに人を責めても解決しません。すぐに自分にできることを見つけて、行動に移すことで、物事がうまく運びます。

合計数別 2024年の家族との関係

14	家族の前ではわがままになってしまいがち。そんな自分を変わらず受け入れてくれる家族に感謝を示して。
20	一人になりたくなることもあります。そんなときは素直に本心を家族に打ち明けると受け入れてもらえます。
23	家族との絆が深まる出来事があります。疲れたなと思うときは弱音を吐くと温かく受け止めてもらえます。
26	家族間にちょっとした問題が起こります。しかし、あなたが中心になって対処すれば、すぐに収まります。
29	感情的になりそうなときは一人の時間を作ること。決して家族に八つ当たりしないよう気をつけてください。
35	苦しいときには、遠慮なく家族を頼ってください。改めて身内や血縁といった家族の大切さに気付かされます。

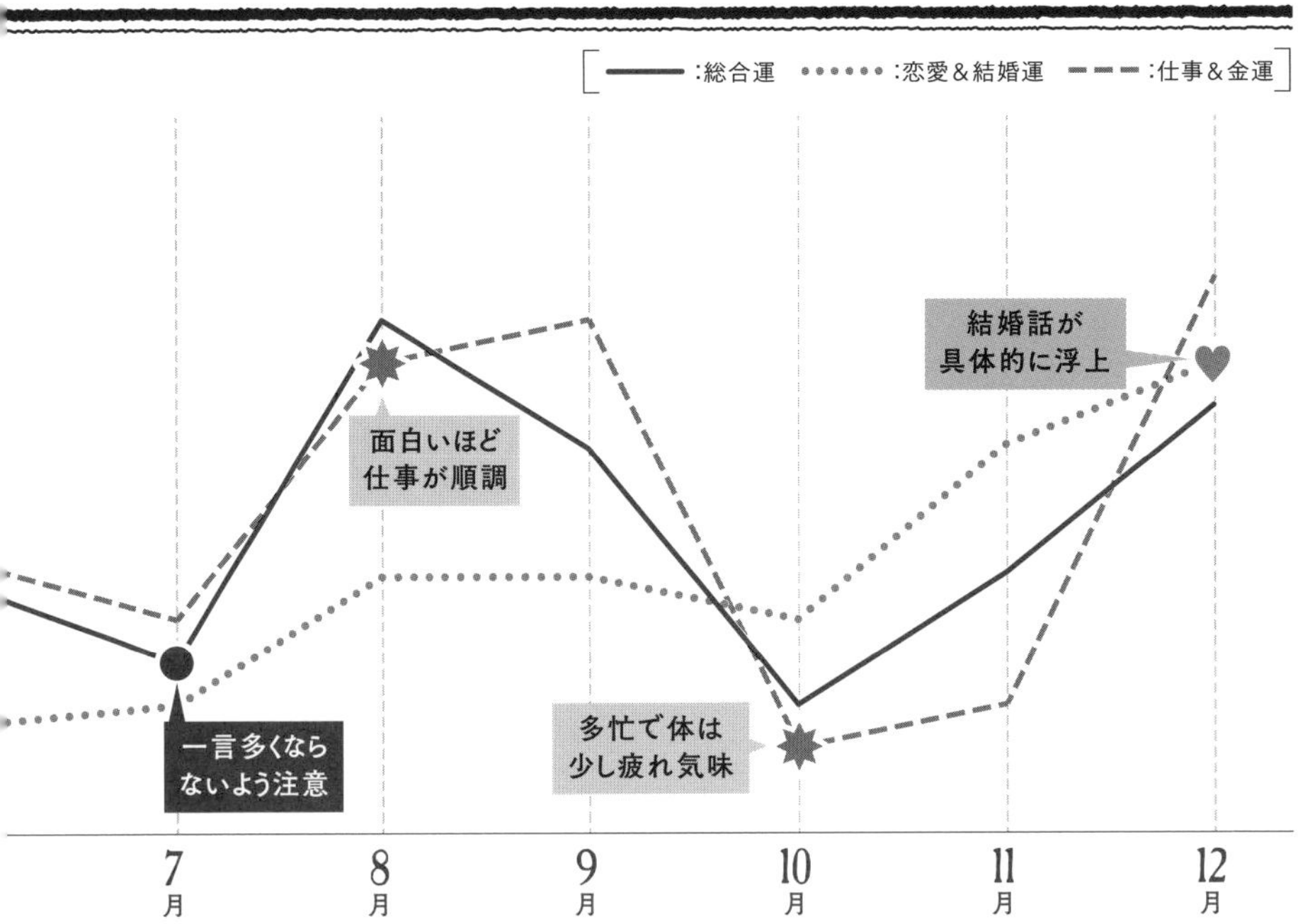

:総合運
:恋愛&結婚運
:仕事&金運
面白いほど
仕事が順調
結婚話が
具体的に浮上
一言多くなら
ないよう注意
多忙で体は
少し疲れ気味
7月
8月
9月
10月
11月
12月

4月

低調気味だった恋愛運が一気に上昇する月。新しい出会いも期待できます。一方で、これまでごまかしてきたことがあるなら、この月に浮上します。誠実な態度で対応を。

5月

運気は全般的に波風が立たず、高めで安定。自分らしく穏やかに過ごせる月。先月までの問題が解決し、心安らかでいられます。また受け身でいても、嬉しい出来事あり。

6月

心穏やかに物事に向き合える月です。ガツガツと意欲的に動く必要がなく、目の前にある物事に丁寧に取り組むことで結果が。あなた自身の評価もアップ。ただし恋愛面は低調。

10月

自分の思い通りにならないことが多く、落ち込んでしまうことがあります。そんなときは奉仕精神を発揮し、人に対して優しくして。周りから感謝され運気も回復傾向に。

11月

頭が冴え渡り、直感で行動できます。この月の仕事運は低調ですが、行動を起こすほどいずれ結果に繋がっていきます。失敗を気にせず、まずは手足を動かすのが正解。

12月

恋も仕事も高めで安定の運気で、停滞していた物事が動き出したり、新たな道筋が見えてきたりと、希望を感じる月になります。順調に評価や成果に繋がり、飛躍できます。

2024年の月運

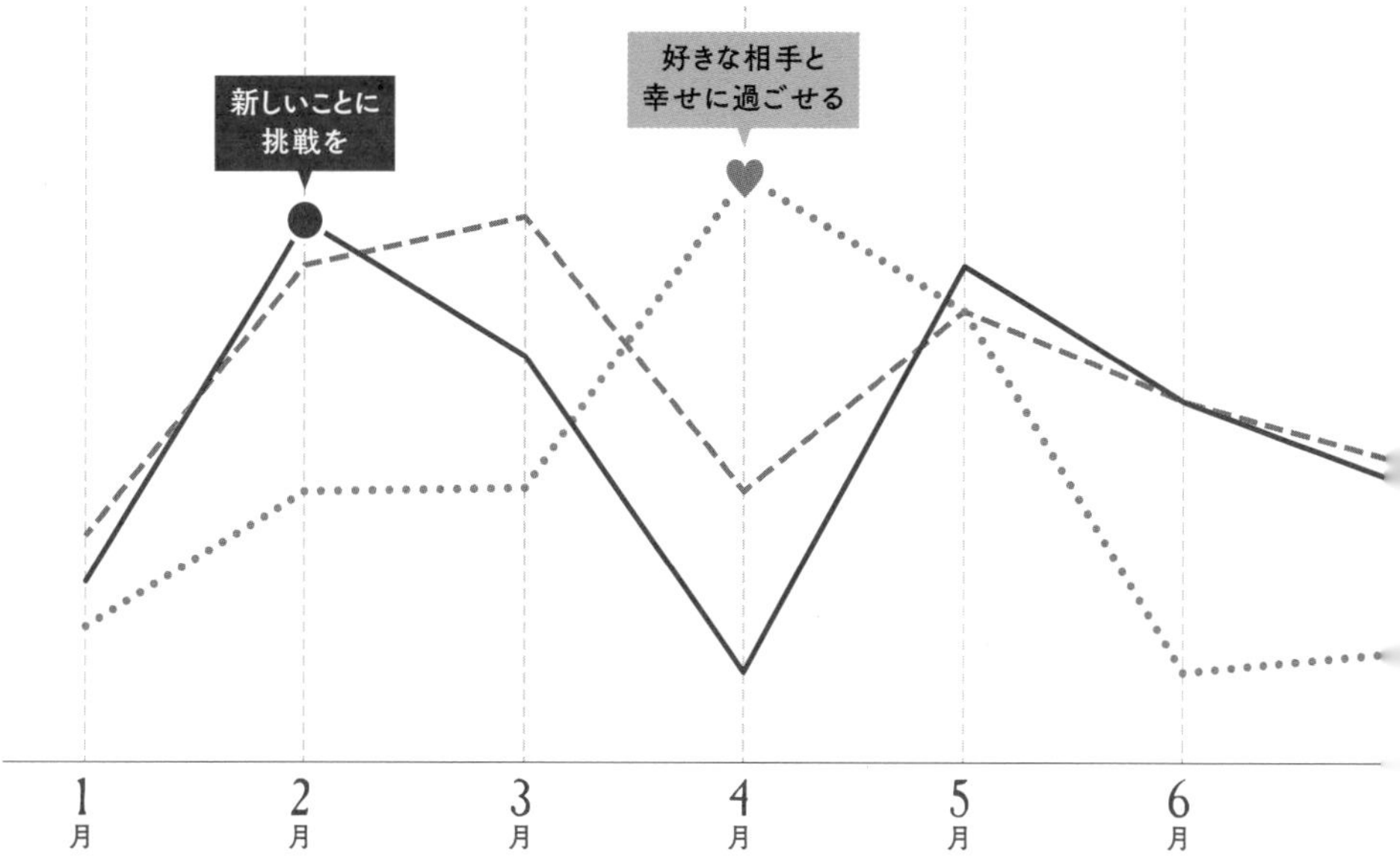

2024年　月ごとの一言アドバイス

1月

まさにここが踏ん張りどころと言える月です。あなたに試練が訪れ、心身が疲れがちに。しかしここを乗り切った後、大きな結果へと繋がっていきます。試練を避けないで。

2月

恋愛面はイマイチ冴えませんが、仕事面は上り調子。意欲的になり、どんどん行動を起こせます。形としての収穫も受け取りやすく、自信を与えてもらえる月。目標達成も。

3月

頭の中に優れたアイデアが浮かびます。それをいかに発展させていくかがこの月の運気を上げる鍵に。うまくいけば高い評価を得られ、重要なポジションを任せられます。

7月

先月から比べ、運気はトーンダウン。心身を休めるべき月です。なかなか成果に繋がりにくくもどかしくなります。決して焦らず疲れをリセットして、次の挑戦への備えを。

8月

一気に運気が上昇し、停滞していた物事もすんなり運びます。特に仕事面に関して思い通りに計画が進む月。人間関係がスムーズで思い切った挑戦も協力を得られ好結果が。

9月

心が柔軟になり、視野が広がるとき。これまで気づいていなかったチャンスを発掘でき、自分の可能性をぐんと広げられます。何にでも果敢に挑戦してください。

2024年

大黒さんの取扱説明書

POINT 1

ありのままを受け止めてあげて

頑張りたい気持ちとは裏腹に、心身が疲れやすくなっています。癒やしを求める気持ちが強くなるため、落ち込んだり疲れたりしているときは、「頑張れ」と背中を押すよりも「大丈夫」「十分頑張っているよ」と、今あるこの人を受け止めてあげてください。大黒さんの心は癒やされ、自然と意欲が戻ってきて頑張れるようになります。

POINT 2

困っていたらまず声をかける

自分一人で頑張ろうとする姿勢は見せるものの、内心では誰か助けてくれないかな、声をかけてくれないかなと期待して待っています。この人が困ったり悩んだりしている様子を見せたら、「どうしたの？」「大丈夫？」とまずは声をかけてあげてください。それだけで嬉しくなって、心を開いてくれるようになります。

POINT 3

一緒に楽しむだけでよい

周りの人たちと一緒に楽しみたいという気持ちが強くなります。楽しいことや面白いことがあると、大黒さんは近くにいる人と分かち合いたいのです。この人が楽しい話題を持ち出してきたら、丁寧に話を聞いて笑ってあげてください。特に感想や意見を求めているわけではなく、一緒に楽しんでほしいだけです。

2024年の

年の吉方位

北東　南東　南西

月の吉方位

1月	2月	3月	4月	5月	6月
北東	南東	北東 南西	北東 南東 南西	南東	北東 南東 南西

7月	8月	9月	10月	11月	12月
南西	南東	北東 南西	北東 南西	なし	北東 南西

ラッキーカラー＆アイテム

ラッキーカラー

- ゴールド
- ピスタチオ
- クリーム

ラッキーアイテム

- 丸形の時計
- ステンドグラスのランプ
- 《宝石》ルチルクォーツ

ガネーシャさん

好奇心旺盛で
直感力に優れた
自由人

2024年の幸運メッセージ

迷わず決めた道を進むと、強運に味方してもらえる年

チャレンジ精神を持つと新たな可能性に出会える

困難に挫けず自分を信じる力が幸運を引き寄せる鍵に

合計数別 2024年にあなたが掴むチャンス

21	人とのご縁が大きく広がります。新たなご縁や人の紹介など、人を通じて幸運を引き寄せられるときです。人脈を紹介してもらえたり、耳寄りな情報を得られたりなど、人間関係が広がることであなたにとって嬉しい出来事に繋がります。
22	あなたの得意分野や専門分野において大きなチャンスが巡ってきます。実力が高く評価され、大抜擢や飛躍のチャンスを与えてもらえます。これを機に、あなたの活躍の場が増える上、自分が心からやりたいと思えることに打ち込む喜びを得られます。
27	あなたの感性が高まり、思いつきを言葉にすると周りから高く評価されます。発言の場や発信できる場において、あなたのアイデアや考え、ひらめきを人に伝えてみることが大事です。それを具体的な形にできるチャンスを得られます。
28	責任ある役割を与えられます。あなたにとってそれは挑戦でもありますが、チャンスにも変わるもの。精一杯努力して期待に応えていくことで、周りからの評価が高まります。さらに、努力が目上の人の目に留まり、引き立ててもらえます。

基本性格・総合運

形として収穫を得られ 大きく飛躍できる年

ピンクの象の頭と人の身体を持ち4本の腕で障害を取り除き、物事を開拓していく、現世利益をもたらすインドの神様、ガネーシャ。帝王サインが「ガネーシャさん」のあなたは好奇心旺盛で、変化や刺激を求める自由人です。考え方が柔軟で、発想も人とは異なる個性派。また少々のことは気にしない大らかさがあり、何事も直感で決めてチャレンジします。たまには失敗もしますが、それも経験の一つと捉え、くよくよ悩むことはありません。

そんなガネーシャさんのあなたは２０２４年、期待を裏切らない大きな飛躍を遂げます。運気は大きく上昇かつ安定し、あまり乱れることはありません。目標達成、願望成就など、これまでの努力や願っていたことが報われ、形としての収穫を受け取れる一年に。望んでいた地位が手に入る、やりたかったことができる環境が整う、チャンスを掴み成功できるなど、喜ばしい出来事が立て続けに起こります。自然と心身共に充実し、意欲的に物事に取り組めるとき。やればやるだけよい方向に運ぶため、新たな挑戦や思い切った行動が功を奏します。自分が進むべき道がハッキリ見え、真っ直ぐに突き進んでいける年となり、一途に取り組むことで大きな成功を掴むことも。

チャンスの到来と共に多忙になります。この時期のあなたは疲れやストレスを撥《は》ね除けるパワーがあり、かと言って無理をしても大丈夫というわけではありません。意識して心身をいたわり、健康的に過ごすよう心がけてください。

出会いを求める人の　恋愛・結婚運

相性のよい人と結ばれ幸せな将来が待ち受ける

出会いはとても自然な流れで訪れ、幸せを得られます。好きな人ができ、その人からも愛され相思相愛になれる幸せが待っています。多くの人が参加する場ではなく、一対一でじっくりと向き合える場でご縁が到来しそうです。

友だちの紹介やお見合いによるご縁にツキがあります。出会うことが決まっていたかのように、一度出会うとスムーズに交際へと繋がっていくのです。

最初からお互いに好感を抱き合い、理解を深め、順調に恋が進んでいきます。いろいろな面で相性のよさを感じられる人と巡り合える年となるのは確か。ゆっくりと着実に想いが深まり、安心感に満ちた恋ができます。

また、お互いを深く理解し合った頃に結婚の話が持ち上がります。すぐに結婚に至るわけではありませんが、婚約や同棲など将来に向けた動きがあります。結婚を前提とした真剣なお付き合いとなります。

おしゃかさん

一年を通し、ガネーシャさんの個性、おしゃかさんの堅実さ……他の人が気付いていない相手の魅力を見出し、認め合えるとき。

おふどうさん

ガネーシャさんとおふどうさんは甘えたり甘やかされたり、居心地のよい関係を築けます。一緒にいるのが当たり前に感じられるとき。

あまてらすさん

互いにとって、恋愛でも人生でもよきパートナーになれる年。この一年は一緒にいると自分の役割が明確になり安心できます。

大黒さん

一緒に楽しみ一緒に悲しむ時間が増える年に。同じ感覚や気持ちを分かち合える貴重な存在になり、居心地よい関係を築けます。

ガネーシャさん

ガネーシャさん同士、大変気が合い、考え方や価値観もそっくりな一年に。協力し合うことで互いへの理解が深まり距離が縮まるとき。

大仏さん

ゆっくりと互いを理解し合っていく年回り。距離が縮まるまではある程度時間がかかりますが、この年は深く心を許し合えます。

恋をしている人の　恋愛・結婚運

これまでの努力が実り 恋は幸せな決着を迎える

好きな人から注目される出来事が待っています。あなたの魅力に気付き、相手が興味を持って進んで近づいてきます。相手から連絡がよく来る、一緒にいて目が合う、と感じたら、相手が好意のサインを送っているしるしです。そのタイミングで仲を深める努力をすると、恋が一気に進展します。

恋に嬉しい決着がつく年。大事なのはあれこれ駆け引きせず素直に接することです。一緒にいるときはいつも誠実な振る舞いと素直な反応を心がけてください。そうすることで、あなたの魅力が伝わりやすくなり、相手から行動を起こしてくれます。

また、恋人との相性も高まるとき。結婚を望んでいるなら、この年に話が進みます。旅行に出かけたり、2人で楽しいイベントを企画したりして楽しいひとときを分かち合うと、お互いの結婚願望が高まります。結婚後の生活をイメージできるような振る舞いを心がけることが大事です。

帝王サイン別　2024年の相性早見表

おじぞうさん

2人が同じ目標を目指せば最強のパートナーとなるとき。切磋琢磨できたり、補い合ったりして支え合える関係になります。

竜神さん

ガネーシャさんと竜神さんは互いにとって憧れの気持ちが強くなる年。高嶺の花として見ることも。2人にとってこの年は結婚に最適。

風神さん

互いを尊重し合える一年になります。必要に応じて頼ったり頼られたりして、支え合いながら深い信頼を築いていけるとき。

えびすさん

一緒にいるととても面白いと感じられるとき。全く違うタイプゆえに、理解できないところもあるものの、そこに興味を惹かれます。

弁天さん

それぞれの役割を自然と理解し、足りないものを補い、与え合える年回りです。一緒にいると安心でき、居心地よく感じられます。

雷神さん

雷神さんと正反対ゆえにこの年のガネーシャさんは憧れの感情を覚えます。自分にないものに興味を惹かれ、相手を意識しやすいとき。

仕事運

あなたの能力が役立ち収穫を得られる

あなたの持つ知識や経験、スキルが大いに役立つ年。困難な状況や難しい取引において、あなたが活躍し、よい方向へと導けます。それが周りから高く評価され、昇進昇給の話が持ち上がったり、大事なプロジェクトに大抜擢されたりなど、嬉しい出来事が待っています。

収穫を得やすいこの年は、特にお金の面で満足のいく成果を上げられます。報酬がアップしたり臨時収入を得たりするほか、副業で思わぬ成功をすることも。挑戦がよい結果を生み出す

金運

収入アップにより順調に貯蓄を増やせる

本業や副業がうまくいきやすく、収入アップできるときです。

昇給やボーナス、臨時収入などにより、金銭的に余裕が生まれます。節約意識も高まり、浪費傾向や衝動買いもなく、望んだ通りに貯金を増やすことができるのです。

高額の買い物をするためにお金を貯めてきたなら、この年に目標に大きく近づきます。ただし、生活が逼迫《ひっぱく》するまで貯金をすると、かえって金運が遠ざかるため注意が必要。無理のない貯金方法を心がけてください。

人間関係

ご縁がご縁を呼びキーパーソンと会える

対人面は落ち着いていて、特に人とのトラブルもなくよい関係を保っていけます。この年は、あなたが目標を達成するために必要なキーパーソンとの出会いが待っています。周りの人とのご縁を通じて、必要な人脈に辿り着けます。ただ、その人物と出会うには、周囲の人たちとのコミュニケーションをしっかりと取っておくことがとても大事。ご縁がご縁を呼び込んで巡り合うのです。

また、人に察してもらうことを期待していると、人間関係に不満や疲れを

ため、大きく動くのが正解です。

　少々多忙になるため、心身の疲れをいかに癒やすかが課題となります。うまくリフレッシュして長期的に努力できるよう心身を整えてください。

合計数別 2024年の仕事での活躍

21	目上の人に可愛がられる年になります。媚びる必要はありません。尊敬の気持ちを持って誠実に接することで、いっそう評価を高められます。
22	あなたの直感が冴え渡るとき。たとえ周りから反対されようとも、自分を信じて動くのが正解。直感で行動すると、大きなチャンスへと繋げられます。
27	完璧なまでにきめ細かい仕事ぶりが、周りから高く評価されます。あなたになら安心して任せられると認知され、さらにやりがいのある仕事が回ってきます。
28	後輩や部下の失敗をフォローするために奔走することに。あなたの活躍によって事なきを得て、周りから感謝されます。あなたの人柄とスキルが役立ちます。

　ボーナスは使ってしまわず、貯めることでお金がお金を呼び込んでくれます。少なくとも半分は貯蓄に回し、使う際も本当に必要なものを厳選して購入することが大事です。

合計数別 2024年のお金の増やし方

21	人からお金儲けの方法を教えてもらえます。周りの人との他愛ない雑談が思わぬ情報に繋がることも。積極的に人と会話しておくのがおすすめです。
22	身近にいるお金持ちの習慣から学ぶことが大事です。どんな財テクをしているのか、どこにお金を使うべきかを見習うとお金の巡りがよくなります。
27	お金がだらだらと出ていっている部分を突き止め、早い段階で食い止めるのが増やすポイント。小さなお金でも、積み重ねると大きなお金に繋がります。
28	小さな収入源を増やすより、収入源を絞り込んで能力を最大限に発揮して稼ぐ方がお金に繋がります。本業だけ、あるいは副業は一つまでにすると吉。

覚えることに。伝えたいことは、ハッキリと自分の口で言うことを心がけてください。遠慮して言わずにいる方がトラブルや気まずさの原因になってしまいます。

合計数別 2024年の家族との関係

21	家族で協力し合って一つの物事をやり遂げる出来事が待っています。それを通して、家族の絆が深まり、いっそう良好な関係を築けるようになります。
22	問題が起こったときはあなたが中心となって話し合うことが大事。家族をまとめる重要なポジションを担うと、信頼が厚くなりよい方向へと導けます。
27	家族だからと弱音や愚痴ばかり吐き出していると、家の中が暗くなります。あえて楽しいイベントを企画したり明るい言葉を口にしたりすることが大事。
28	自分の意見を押し通そうとすると、家族間がギクシャクします。家族の意見を柔軟に取り入れ、どうしても譲れない部分だけ伝えるようにしてください。

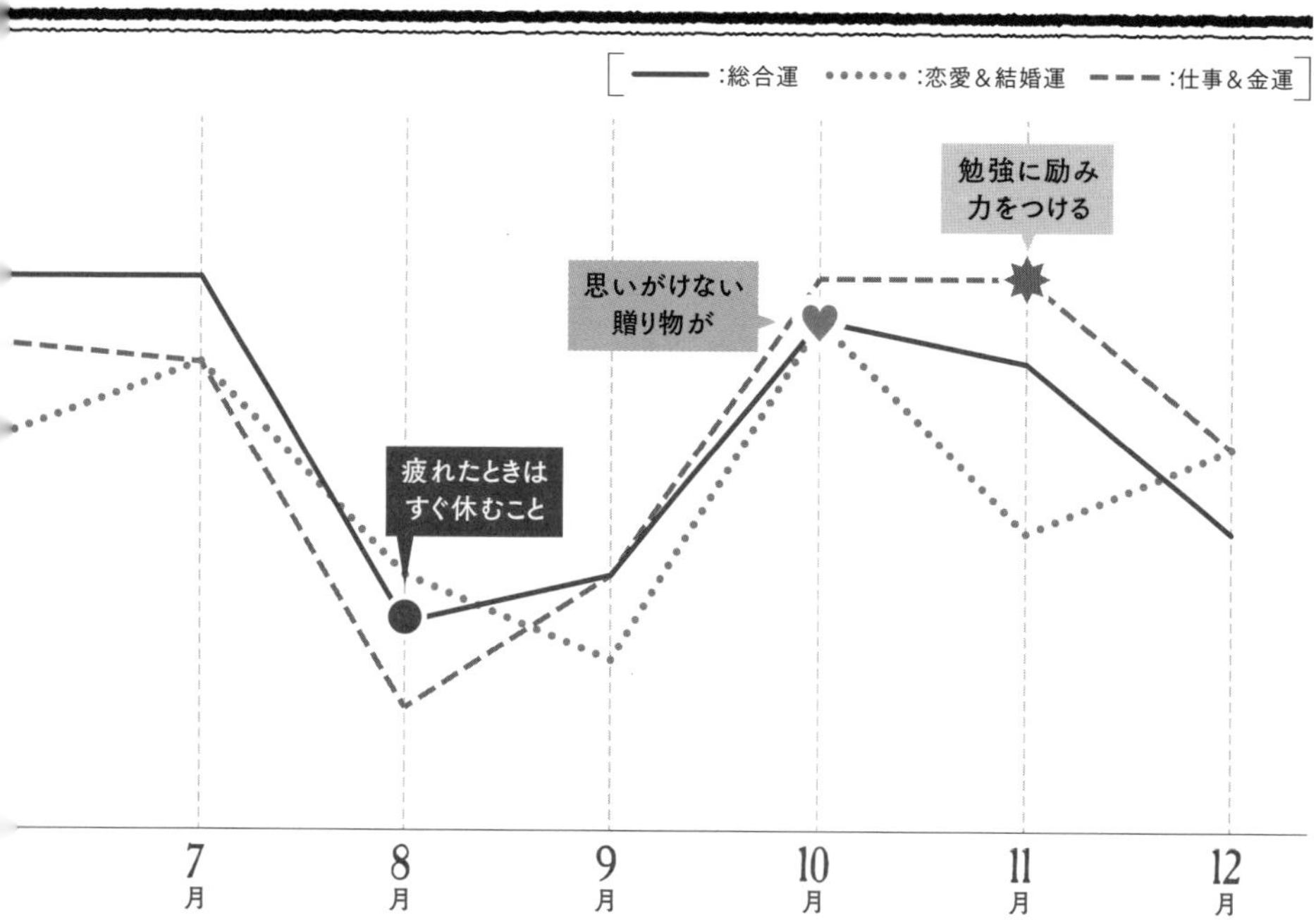

4月

直感が働きやすく、リスクを避けたり正しい選択ができたりと、物事をよい方向へと運べます。順調に計画が進みやすい月。ただし、恋に限っては思い通りの進展は望み薄。

5月

やるべきことはすべてこの月に終わらせ、あとはその結果を待つのみです。次の挑戦に向けて種まきを始めることになります。何に挑戦するのか、考えて準備を。

6月

運気は一気に高まり、思うように物事が進みます。心身共に充実し、最大限に能力を発揮できる好調期。特に仕事に全力を注ぐとよい結果が。評価もアップします。

10月

意欲が増し、物事にポジティブに。努力の分だけ結果に繋がり、収穫を得られます。また目上の人から引き立てられ、活躍。恋愛面も好調で、この月は大胆に振る舞ってOK。

11月

ここまで温めてきた計画や目標を実行に移せるときです。周りの援助を得られたり幸運に恵まれたりして、よい方向に動き出します。遠慮せず手伝ってもらい、前に進んで。

12月

これまで培ってきたもの、努力してきたことが形になります。ここで一区切りつけると、次に向けてさらに大きく一歩を踏み出せます。恋も新たな局面を迎える予感。

2024年の月運

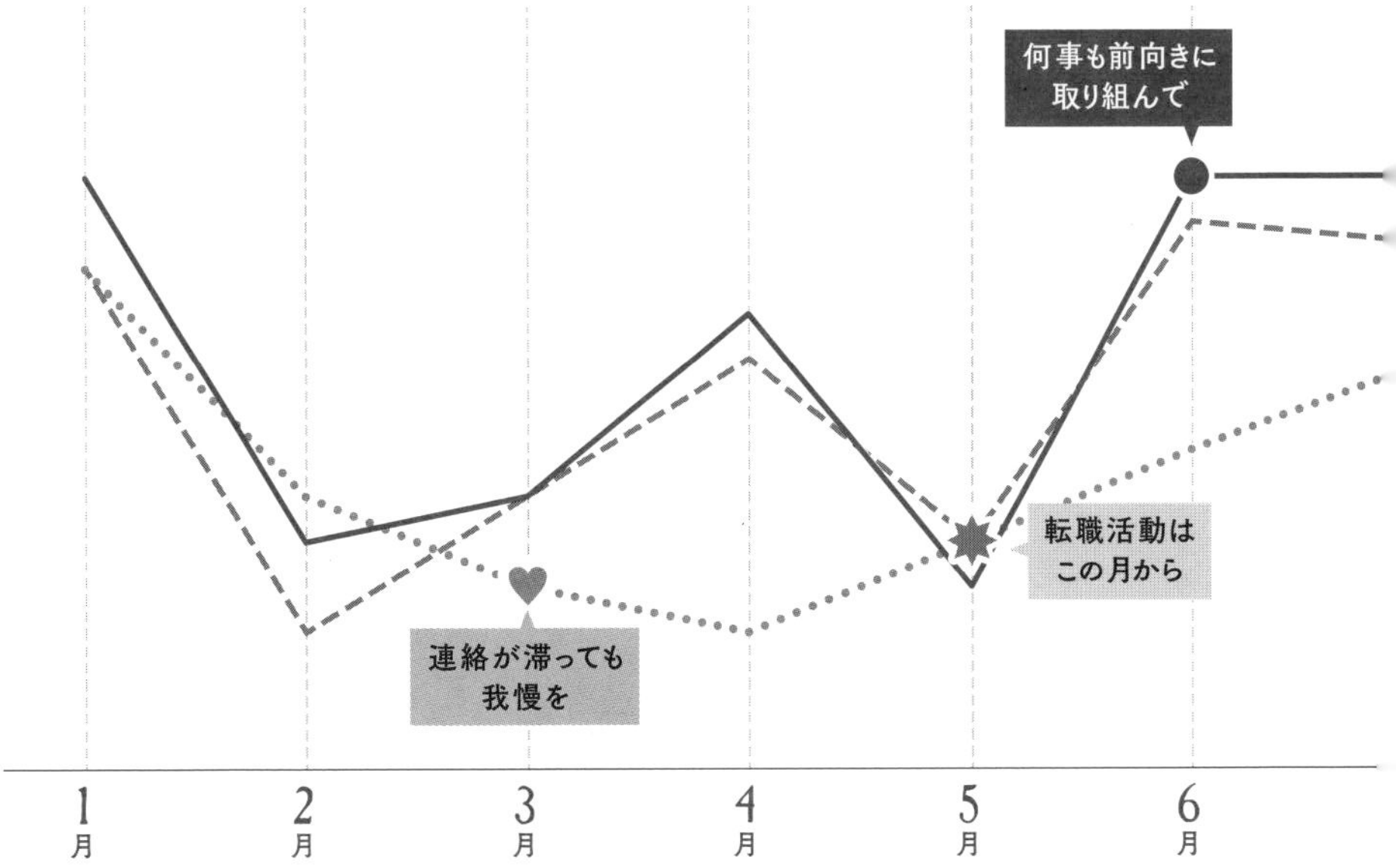
何事も前向きに
取り組んで
転職活動は
この月から
連絡が滞っても
我慢を
1月
2月
3月
4月
5月
6月

2024年　月ごとの一言アドバイス

1月

これまで取り組んできたことを成し遂げられ、周りの評価が高まる月。やりたかったことを実現でき、自分自身の成長にも繋げられます。形として収穫を得られる開運期。

2月

何かを手放すことになりますが、それは新たな人や物事とのご縁を結ぶために必要な過程です。いらないものは捨てると、心新たに物事に向き合っていける月になります。

3月

心身の休息期。心穏やかに人との関係を深めていけます。少々問題が起こっても、周りの助けを得てうまく乗り切れます。人のありがたみをひしひしと感じられるとき。

7月

新しいことに挑戦するチャンスが巡ってくる、ステップアップのときです。少々大胆な行動でも、高い運気が味方して成功を摑めます。ひるまず休まず突き進んで。

8月

周りとの絆が深まる月。物事がうまくいかないときに、援助の手を差し伸べてもらえます。あなた自身も周りのサポートに回ることで感謝され、運気は少しずつ回復傾向。

9月

心身をリフレッシュできる月。好きなことに没頭すると苦手なことや辛いことを忘れ、心を癒やすことができます。疲れをリセットし、次に備えるための準備期と捉えて。

2024年

ガネーシャさんの取扱説明書

POINT 1

頼るときは具体的に伝えて

頼られると、何が何でも相手の期待に応えなければという思いに駆られます。ただ、相手を喜ばせたいあまり、無理や無茶をしすぎることもあります。そのため、ガネーシャさんに頼るときは、何をどこまでしてほしいのか、どんなふうにしてほしいのかといったことを具体的にわかりやすく伝えるようにしてください。

POINT 2

まず褒めると意見を聞いてくれる

自分で何でもやりたい、自分で決めたいという気持ちが強くなっています。あれこれアドバイスされたり反対意見を言われたりすると、やる気をなくしてしまいます。一方、考えや決断を褒められると嬉しくなって、相手の言葉にも柔軟に耳を傾けることができ、意見を受け入れるようになります。

POINT 3

不機嫌なときは声をかけてあげて

察してほしいというサインを発してきたときは、「どうしたの？」「大丈夫？」と声をかけてあげると喜びます。サインに気づかないと不機嫌になります。何となく不機嫌そうに見えたら、面倒がらずに声かけをしてください。相手に好感を覚え、一番の理解者とばかりに心を開いてくれるようになります。

2024年の

年の吉方位

北東　南　南西

月の吉方位

1月	2月	3月	4月	5月	6月
東	北東 南東	南	北東 南	南	北東 南西

7月	8月	9月	10月	11月	12月
南西	南東 南	南東 南	北東 南西	北東	なし

ラッキーカラー＆アイテム

ラッキーカラー

- オレンジ
- ピンク
- パープル

ラッキーアイテム

- ハートモチーフの小物
- 箸、線香など、細長いもの
- 《宝石》カーネリアン

大仏さん

実直で誠実。
信念を貫き
生きる人

2024年の幸運メッセージ

わかりやすく周りに伝える努力をすると状況が改善

一度自分を理解してもらえたら、あとは順調に物事が進展

人間関係を意識して発展させることが精神面の潤いに

合計数別 2024年にあなたが摑むチャンス

13	秘めた純粋さが幸運を呼び込んで人知れず成功します。我が道を行くマイペースさが鍵になり、人との距離感を保ちながら付き合うと何事もうまくいきます。
19	物事に行き詰まったときほど創意工夫で切り抜けてください。思いつきの方法でも試してみると、意外とあっさりうまくいきます。最後は苦労が報われて大きな利益を得られます。
24	これまでに学んだ知識を活かす機会が巡ってくるので、余裕を持って取り組むことで、安定した結果を出せて成功できます。肩の力を抜いて、いつも通りの行動が大事です。
25	自分の生き方を貫きつつ他者への思いやりを忘れなければ、只者じゃないと周囲から尊敬されます。発言力が強まり、他者に影響を与えて目的を達成することが可能に。
30	自信があるときは強気になっても大丈夫。ハッキリものを伝える方が、相手も納得するのであなたの意のままにことが運びます。周りを圧倒する活躍をして幸運を摑むときです。
36	常識的な行動が何よりも有効な武器になります。焦らず落ち着いて対処すればみんながあなたを信用するので、さらに発言権を得て上に上り詰められるときです。

基本性格・総合運

何事も穏やかに進めるようにして安定重視の年に

どっしり構え泰然自若な大仏。帝王サインが「大仏さん」のあなたは正々堂々、あらゆる物事を真っ直ぐコツコツ進めていく人です。根っから駆け引き知らずで、常に正直でありたいと願い、自分の信念を貫きます。周囲の人はそんなあなたをじれったいと思うこともありますが、そういった外野の評価を気にするあなたではありません。また、あなたは人と同じことをするのは嫌という気持ちが強く、自分の個性を大切に守りたいと思っているのです。

２０２４年の大仏さんのあなたの運気はゆったりとした流れで、浮き沈みがなく、心静かに過ごせる年に。この時期は今後の目標や計画を立てるのに適しています。次に何をするべきかといった答えが見えたら、準備に徹してください。先を見通す力も高まっていて、リスクを回避し、成功へと近づくために必要な道筋を見極められます。

この年は、あなたの中で安定を求める気持ちが芽生えやすくなります。変化よりも安定、刺激よりも平安を求め、今の状況を愛する心が強まるのです。それにより、変化を受け入れにくく、物事に慎重になりがちに。しかしそれが決して悪い方向に働くというわけではありません。困難や試練を遠ざけて、心穏やかに過ごすことができます。

慎重さが増すことから、困難に引き込まれるリスクが減ります。うまい話に惑わされたり、思いつきで動いたりすることもなく、じっくりと検討して正しい判断を行えます。そのため、この時期は大きな問題もなく安定した日々を過ごせます。

出会いを求める人の　恋愛・結婚運

まずは友人から始めるのが一番の近道に

この一年の恋愛運や出会い運は全体的に緩やかです。出会いを摑み、恋愛に発展させたり交際に持ち込んだりするには、焦らずに進展させる必要があります。

なぜかというと、あなたはコツを摑めばどんなこともテキパキと進められる器用で有能な人。それを見た相手がとても敵《かな》わないと感じて、必要以上にあなたを遠巻きにしてしまうからです。相手が自分のような人間じゃ釣り合わないと遠慮がちになってしまうため、出会ってから2人の間の距離を詰めるのに時間がかかってしまうのです。

そこで、あなたに意識してほしいのは、自分の本質をわかってもらうため、些細なことでも相手に伝えるよう心がけること。自分は何が好きで、普段はどのように過ごしているのかを率直に話せば、相手は等身大のあなたを知って親近感を抱いてくれます。

一度でわかってもらおうと焦らず、時間をかけて伝えてください。

おしゃかさん

2人は真面目なところがとても似ていて、この一年はいっそう互いに気になるとき。大仏さんがおしゃかさんを追いかける関係に。

おふどうさん

この年のおふどうさんはスマートな立ち回りができるのでリードも上手です。内面に共通点があるので、誠実な交際や結婚が可能。

あまてらすさん

あまてらすさんが大仏さんのよき理解者になる年。黙々と打ち込む大仏さんの姿に心惹かれ、穏やかに見守ってくれます。

大黒さん

心で結びつくことができる相性の年。電撃結婚の可能性さえある2人です。大仏さんが苦手なことを大黒さんがカバーします。

ガネーシャさん

ガネーシャさんが恋の主導権を握りたくなる年回りです。この一年は大仏さんが補佐に回って合わせるようにすると、うまくいきます。

大仏さん

この一年の大仏さん同士は、まるで鏡に映る自分を見ているかのような感覚に。楽しいこともそれ以外も共有できる関係を保てます。

恋をしている人の　恋愛・結婚運

今一度、相手に対する理解を深めてみる

出会ってから時間が経つほど、あなたと相手との間に気安い雰囲気が流れます。すると、何も言わなくても気持ちは伝わっていると思いがちですが、その油断が誤解を招く原因にも。

2人が愛を育み豊かな時間を過ごすには、今一度相手を理解し直す必要があります。片想い中ならば、会話の機会が巡ってきた際は、進んでプライベートを打ち明けましょう。あなたという人を知ってもらうほど、好意を抱かれます。交際に至るのを焦らずに、この一年をかけて互いについてよく知って、丁寧に距離を縮めることが大切です。

また、結婚を考えているのなら、将来像を話し合ってください。2人の考えに差異のないように、とことん話し合うべきテーマはたくさんあります。お互いの家族のこと、仕事のこと、将来設計など、面倒くさがらずお互いに納得のいく話し合いをすることで、心を一つにして新しい人生の一歩を踏み出せます。

帝王サイン別　2024年の相性早見表

おじぞうさん

直感的に気が合うことが感じられる関係です。理屈ではなく、本音でやり取りをすれば、互いに最もしっくりくる相手です。

竜神さん

努力家の大仏さんを竜神さんはサポートしたいと思っています。竜神さんは優しく尽くしてくれるので和やかなムードが生まれます。

風神さん

大仏さんの誠実さが風神さんには好ましくなるとき。こういう人が身内なら安心できると思い､風神さんのアプローチで恋に発展します。

えびすさん

堅実な大仏さんと衝動的なえびすさん。根本が違っても、この年はどちらも向上心が高まって意気投合。愛が芽生えやすいときです。

弁天さん

なんでも自分でこなす大仏さんにとって、この年は甘え上手な弁天さんの可愛らしさに惹かれるとき。頼りにされると嬉しくなります。

雷神さん

この年の雷神さんから見た大仏さんは芯の通った言動が眩しく映るとき。互いの足りないものを補い合いながら魅力が見えてきます。

仕事運

意識を高く持ち
思い立ったら行動を

職人気質な一面があり、納得がいくまでとことん頑張るのがあなたです。この一年は特にプロ意識が高くなる傾向にあるので、個人で行う作業に精を出すのが向いています。

その一方で、どうしても周囲と協力して働かなくてはいけない場面も出てきます。あなたは、周りから「孤高の人」という印象を持たれがちなので、どんな仕事をしているのかわかりにくいのです。

だからこそ、あなたがいかに責任感のある人物であり、真剣に働いている

金運

現状維持が大事。
堅実な貯蓄を心がける

金運は絶好調とは言い切れず、特に賭け事などの勝負には不向きです。しかし、金運そのものは穏やかに流れているため、今あるお金を大事にすれば困ることはありません。収入を増やそうとするのではなく、スマホの契約を格安ＳＩＭに変更したり、保険の見直しをしたりして、堅実な方法で出費を減らして財産を守ってください。

また、この一年に限っては投資話などは避けて通るように。おいしい話には注意が必要です。他の人がうまく財テクできた方法であっても、あなたに

人間関係

ときにはこちらから
深入りすることも大切

あなたはもともと自立心が強く、自分は自分、人は人という側面を大切にします。相手のためを思うからこそ、あえて見守るに留めて深入りしないのです。

しかし、ある程度近しい関係にあるのなら、うんと世話を焼くのも悪いことではありません。人から見てわかりにくいだけで、あなたには大切な仲間を思いやる優しさがあるので、2024年はそれを行動で示してください。

そうすると、これまで停滞気味だった人間関係がスムーズに動き出し、交

のかをわかってもらってください。純粋に頑張っていることを理解してもらえれば、正当に評価をされて働きやすい環境が整います。それは、待遇改善にも通じるのです。

合計数別 2024年の 仕事での活躍

13	才能を活かした独創的な発言が周囲を圧倒します。思いがけず注目を浴びて一躍主役になれるときです。
19	いくつもの仕事を並行して行う方が、気分転換にもなります。結果、やる気を維持してよい成果を収めます。
24	日頃から気になったことはメモしておくと、大事なときに集めた情報が活きて、計画を達成できます。
25	細かいところへ目を配ると、ミスが減り、確実な成果を上げられます。その積み重ねが信用へと繋がります。
30	相手の立場を気にしすぎず、素直な意見を伝えてよいのです。あなたの物怖じしない姿勢が信頼されます。
36	ここぞという状況で才能を発揮すること、個性を存分に活かすことで周囲から一目置かれて、正当に評価されます。

向いているとは限りません。そのことを忘れないでください。あなたの場合は地道に働いてお金を得て、長い目で見てコツコツと増やすのが最善かつ賢明な方法なのです。

合計数別 2024年の お金の増やし方

13	自分の価値観を大切にして生きることで、やりくり上手になれます。特技を活かした副業はおすすめです。
19	アイデアマンで人とは違う変わった方法で貯蓄ができます。あとは持続できるかが大事になってきます。
24	人目を気にせず自分がよいと思う方法でお金と向き合えば、確実な成果を上げて貯蓄を増やせます。
25	人のためにお金を失うことのないように、金銭感覚については常にシビアでいてください。
30	今あるお金のやりくりを熟考して。儲けようとするよりも、コスト削減などで出費を抑えてお金を運用管理して。
36	一見、人には理解されない仕事や商売でも、信念を持って取り組めば結果に繋がります。焦らず地道に稼いで。

流するメンバーにも変化が生まれます。旧知の関係にある人とよりよい関係を築けるだけでなく、あなたを慕う人が近づいてきて、新しいご縁を得ることも可能です。

合計数別 2024年の 家族との関係

13	あなたは心根が明るく前向きな人。大事な話ほど真摯に向き合えばあなたの影響で家族が団結できます。
19	家族のために地道に行動し、目標達成のために頑張り続ければ、理想を叶えて幸せになれます。
24	お互いに踏み込みすぎずにさっぱりした交流を心がけると、風通しがよい環境で笑顔の絶えない家庭に。
25	自分にできることを惜しまず行い、家族のために尽くしてください。感謝され、絆もいっそう強くなります。
30	家庭内の問題には冷静に対処しつつも、冷たくなりすぎないように後でしっかりフォローして。
36	実は繊細なあなた。本音を素直に伝える努力をすれば、家族の理解を得られて絆が深まります。

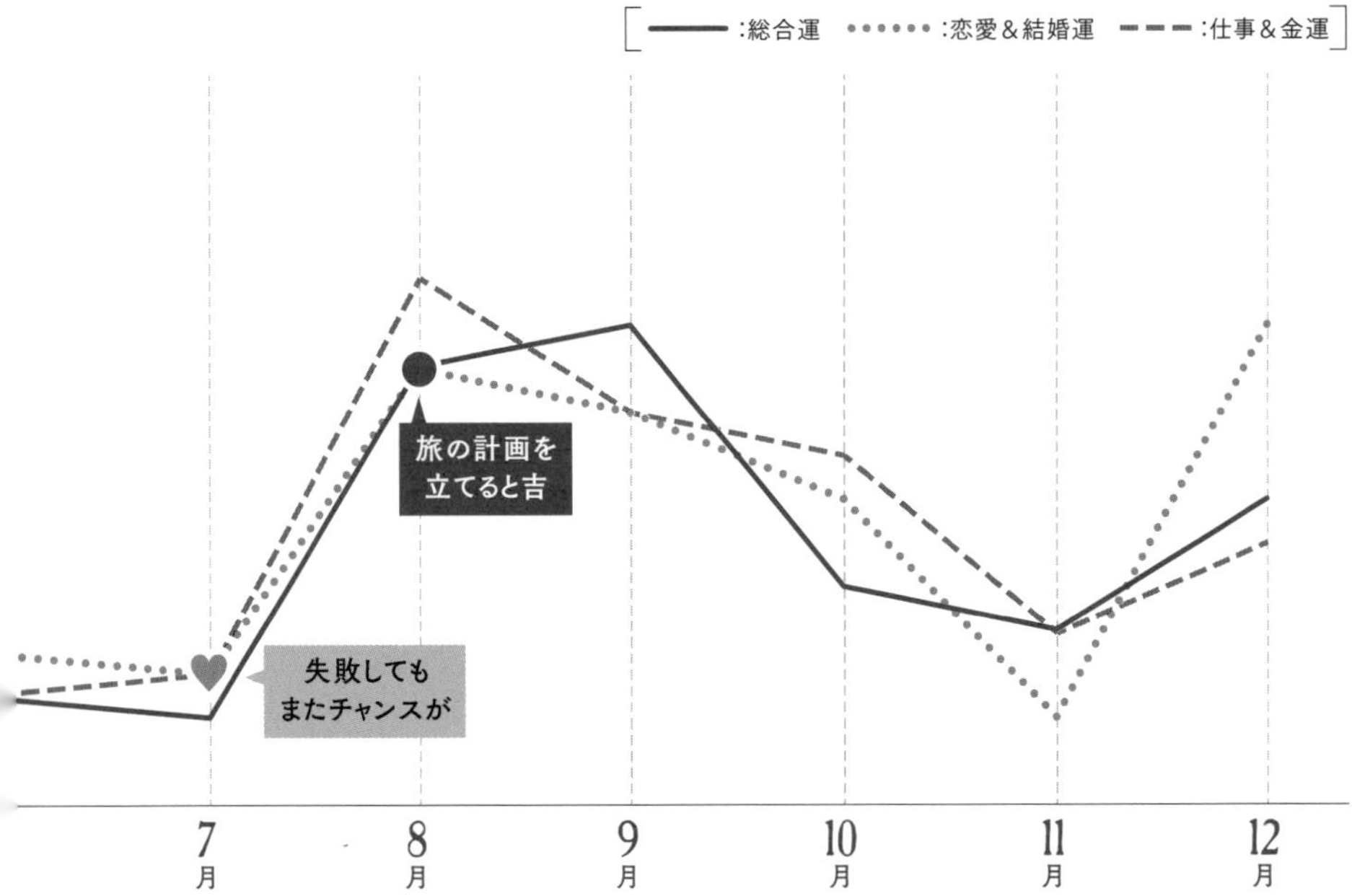

4月

今いる場所から飛び出して活躍できる居場所を求めます。情熱や信念が問題の解決へと繋がり、喜びや発見を得るとき。将来に思いを馳せ、前向きに取り組んでください。

5月

周囲の様々なものが魅力的に見えて、自分に足りないものを埋めようとするとき。思わぬ一目惚れもあり、恋が実りやすくなります。自信を持って、相手と向き合って。

6月

人の言葉が気になっても、鵜呑みにしないこと。親密な関係にある相手との問題は特に慎重になって、冷静に対応してください。噂話よりも自分の目で見たことを信じて。

10月

様々な意見に耳を傾けてバランスを取ってください。疲れていると感じたら、芸術に触れるなど、美しいものに目を向けて。お気に入りの温かい飲み物を摂るのもおすすめ。

11月

友人と遊んだり、趣味を楽しんだりして、プライベートを充実させるべきとき。真剣な問題と向き合うのはまた今度にして。この時期はのんびり過ごすことを優先させて。

12月

物事に白黒つけない姿勢がチャンスを引き寄せます。食わず嫌いせずに、まずはどんなことでも取り入れてみると正解が見つかります。また活発に外出するとよい出会いが。

2024年の月運

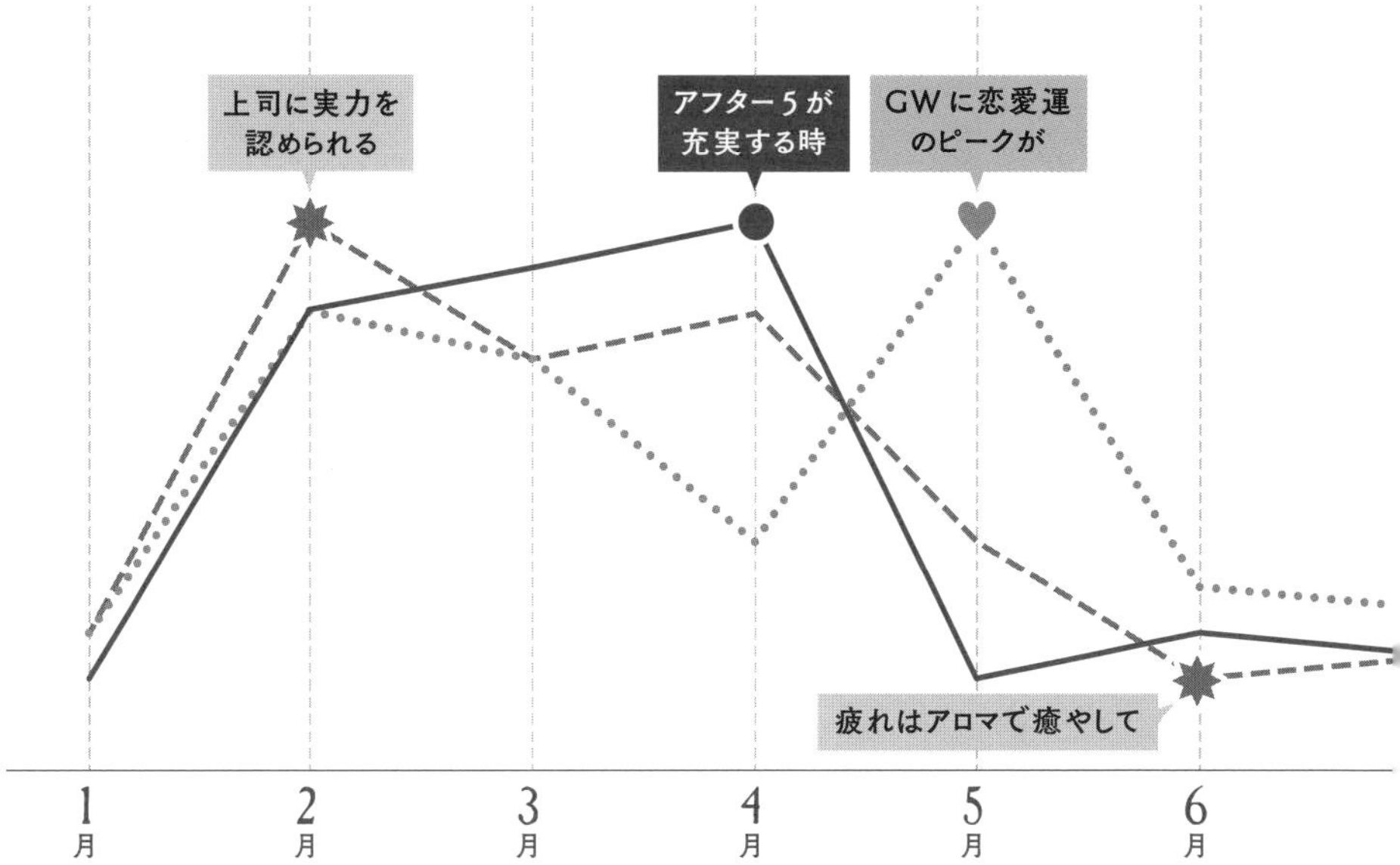
上司に実力を
認められる
アフター5が
充実する時
GWに恋愛運
のピークが
疲れはアロマで癒やして
1月
2月
3月
4月
5月
6月

2024年　月ごとの一言アドバイス

1月
まずは今やっていることを最後まで終わらせることです。たとえ目新しい結果を得ることができなくても、その過程こそが重要。あなたの実力に反映されます。

2月
急ぎの仕事にしっかり対応することができ、高く評価されます。固定観念に縛られずに、新しい視点で物事を見ると、効果的に動けるとき。また自身の成長にも繋がります。

3月
必要な物や情報が手元に揃い、よりよい方向に進めるとき。途中でつまずいたら人に相談して頭を整理すると、また歩みを進められます。失敗を恐れず、軌道修正すること。

7月
この月のチャンスは一瞬なので、狙っているタイミングが訪れたらすぐにでも摑みに行くべきです。ただ、うまくいかないと感じたら深追いせずに、次の機会を待って。

8月
金運が好調なとき。この月はお金を貯めるにしても使うにしてもしっかり計画を立て、欲張り過ぎないことが重要。それが確実にプラスとなって返ってきます。恋も順調。

9月
多少の問題にはびくともせずに、穏やかな状態を維持できます。物事に真剣に向き合うほどよい結果を得られるので、どんなときも慌てずに対応するようにしましょう。

2024年

大仏さんの取扱説明書

POINT 1

問題はすべて任せてしまう

大仏さんは責任感が強いので、問題をすべて自分一人に任された方が、期待に応えようとして張り切ります。こちらから口出ししすぎると、もしかして信頼されていないのだろうかと不安に思ってしまいます。ずっとよい関係でいるためにも、大仏さんの力を信じてあげてください。そして成果が出たらしっかり褒めてあげるのです。

POINT 2

この人の誠実さを理解してあげて

いつも我が道を行くため、何をしているのかわかりにくいのが大仏さん。そのせいでよい思いをしているのでは？ などと誤解をされやすいですが、本人はいたって真面目にひたすら努力をしているのみ。その真剣さや誠実さを理解してあげると、お互いを隔てる壁が消えて距離が縮まるため、今よりもずっとよい関係を築けます。

POINT 3

〝予想外の出来事〟をカバーする

大仏さんはルーティンワークが得意な人。そのため、突発的なトラブルなどに柔軟な対応を取るのは苦手。いきなり予想外の出来事に遭遇すると、混乱していつもの実力を出せません。そういうとき隣で支えてあげれば、大仏さんは落ち着きを取り戻します。さらには信頼の気持ちが生まれ、2人の間に強い絆が育まれるのです。

2024年の

年の吉方位

北東　南　南西

月の吉方位

1月	2月	3月	4月	5月	6月
東	北東 南東	南	北東 南	南	北東 南西

7月	8月	9月	10月	11月	12月
南西	南東 南	南東 南	北東 南西	北東	なし

ラッキーカラー＆アイテム

ラッキーカラー

- アイボリー
- ネイビー
- スカイブルー

ラッキーアイテム

- 風鈴
- スパイシーな香りのハーブ
- 《宝石》ルチルクォーツ

人生に6度やってくる「魔《ま》六《ろく》殺《さつ》」。2024年の試練を乗り越える

人生というものは、よいことがしばらく続けば悪いことが訪れ、悪いことが起きたとしてもその分またよいことが訪れるというように繰り返されるものです。それは運勢の流れと一緒です。中でも、人生で非常に運気の悪い時期があるのですが、この時期を私は「魔六殺」と呼んでいます。誰しも人生で6回経験することになり、これだけは避けて通ることはできません。

この時期は病気や別離、破産、事件など、耐え難い試練が訪れます。「魔六殺」は12年に一度やってきて、一年間続きます。この時期は、たとえ運勢占いで「よい年」という結果が出たとしても、実際は「よくない年」となります。また「魔六殺」がどの干支にあたる年かにより、試練となる出来事にも特徴があります。あなたが「魔六殺」を迎えたときは干支の特性もふまえ、「魔六殺」をよりよく生き抜いてください。「魔六殺」の一年間は確かに厳しいのですが、その前後一年は幸運期になりますから、とにかくこの「魔六殺」の一年だけは注意して乗り切ることです。

「魔六殺」一覧

合計数					魔六殺にあたる年
1	13	25	37	49	1978、1990、2002、2014、2026、2038年
2	14	26	38	50	1979、1991、2003、2015、2027、2039年
3	15	27	39	51	1980、1992、2004、2016、2028、2040年
4	16	28	40	52	1981、1993、2005、2017、2029、2041年
5	17	29	41	53	1982、1994、2006、2018、2030、2042年
6	18	30	42	54	1983、1995、2007、2019、2031、2043年
7	19	31	43	55	1984、1996、2008、2020、2032、2044年
8	20	32	44	56	1985、1997、2009、2021、2033、2045年
9	21	33	45	57	1986、1998、2010、2022、2034、2046年
10	22	34	46	58	1975、1987、1999、2011、2023、2035年
11	23	35	47	59	1976、1988、2000、2012、**2024**、2036年
12	24	36	48	60	1977、1989、2001、2013、2025、2037年

「魔六殺」は12年に一度訪れます。
ただし、「魔六殺」の期間は、その年の「節入り日から節分」でお考えください。
例：2024年が「魔六殺」の場合、魔六殺にあたる期間は2024年2月4日から
2025年2月2日まで

参考：木下レオン　帝王占術「あなたの魔六殺」

合計数別

2024年「魔六殺」の人の過ごし方

11の人

カッとなったら必ず一呼吸置く

「おじぞうさん」のあなたは、2024年の「魔六殺」には、いつになく些細なことで敏感に反応するようになります。急にイライラしたり過激な発言をしたりして、周囲を驚かせてしまうことも。そうならないようにするには、カッとなりそうになった瞬間、自身の動きを止めて一呼吸置くこと。ハッと我に返ることができます。

また、カフェインフリーのハーブティーを愛飲することをおすすめします。よい香りに癒やされ、心が落ち着きます。

23の人

怒りを露《あらわ》にせず話に耳を傾けて

普段、人望に厚く人気者の「大黒さん」のあなたですが、2024年の「魔六殺」に限ってはいつもより怒りっぽい面が頭をもたげます。気に入らないことがあると判断力を失い、攻撃的になって、らしくない一面を見せることも。そうならないために、いつも以上に相手の話を聞くようにしてください。そのうち気持ちが落ち着き、怒りを鎮められます。普段から仲のよい人とは一層密にコミュニケーションを取るようにすると、トラブルも事前に回避できます。

35の人

自我を抑え譲る努力を

　常日頃は、自分よりまず他人を優先する「大黒さん」のあなたですが、２０２４年の「魔六殺」はその優しさが鳴りを潜めてしまいます。代わりに自我が強くなり、自分のことばかりを第一に考えるように。周囲はそんなあなたの変わりように、とまどいを見せます。

　あなたとしては、極力自己中心的にならないよう、とにかく〝人に譲る〟ように努めてください。いつも譲ってばかりで辛くなったら、一人カラオケなどのおひとり様行動で発散してください。

47の人

人との交流は必要最小限に

　社交的で協調性もある「えびすさん」のあなたが２０２４年の「魔六殺」を迎えると、ガラッと人が変わったようになってしまいます。自分でも驚くほど感情の起伏が激しくなってコントロールしにくくなり、「なぜ私が……」と悲しい気持ちに囚われることもあるでしょう。こういう年は無理をして人とコミュニケーションを取ろうとせず、本当に親しい友人か、気を許せる家族との時間を優先すること。気分転換に旅行やドライブもおすすめです。

59の人

積極行動を避け自分時間を大事に

　正義感が強く、行動力と柔軟性を合わせ持つ「おしゃかさん」ですが、２０２４年の「魔六殺」の間は、自信満々で攻撃的になったかと思えば、急にうろたえたり臆病になったりなど、行動に一貫性がなくなります。気分にムラが出て、それが行動に出てしまうといった状態です。

　この一年は、あなた自身は積極的に動かず、家の中で読書や勉強などに時間を割《さ》くようにし、来るべき「魔六殺」が明ける年に備えてください。

Q 「魔六殺」に入る前に やっておくべきことは ありますか？

「魔六殺」の間は、仕事関係のトラブルが起きやすいだけでなく、すべてにおいて思うようにいきません。仕事の中身、仕事がらみの金銭面、仕事を通じた人間関係など、様々なことに「障《さわ》り」が出る可能性があります。ですから、「魔六殺」に入る前までに仕事についての環境をしっかり整えておくことが大事です。気になることがあったら、持ち越さないように解決しておいてください。

　また「魔六殺」にはなぜか自分の環境をガラッと変えたくなるという性質があります。でも、勢いで環境を変えると、後悔することになります。異動や転職、引っ越しや結婚など、何か「変えたい」と思っていることがあるのなら、「魔六殺」になる前に済ませておくことです。

Q 家族の中に「魔六殺」の人がいて、どうしても今年引っ越ししないといけない場合、どうしたらいいでしょうか？

「魔六殺」のときは本来、引っ越しはできるだけ避けるべきです。「魔六殺」は基本的に本人だけのものですが、一つ屋根の下に住む家族に限り、その影響を受けてしまうからです。「魔六殺」のときに動いて、決してよいことはありません。

　転勤などで、どうしても引っ越しをしなければならない場合は、「天一天上《てんいちてんじょう》」の日を選ぶといいでしょう。天一天上とは、天一神《てんいちじん》という方位を司る神様が天に昇っている期間のことです。これは年に6回訪れ、どんな方位に行っても神様からのご利益がもらえるとき。また、自分に足りない運気については、日遊神《にちゆうしん》様が補ってくれるのです（P166参照）。このときであれば、なんとか大丈夫だといってよいでしょう。

Q 帝王サインでは運気絶好調な年でも、「魔六殺」だと運気は悪くなるのでしょうか？

帝王サイン別の占いで「よい年」という結果が出たとしても、２０２４年が「魔六殺」にあたる人は、残念ながら〝吉凶混合する〟一年になります。「魔六殺」の年は自ら動きたくなったり、変化を求めたくなったりしますが、実際に大きな変化を求めると災いがもたらされます。「魔六殺」以前に努力してきたことについては、しっかりあなたの血肉になりますので安心してください。あくまでも、「魔六殺」に入ったら、新しいことを始めるのは避けましょう。

「魔六殺」とは、〝環境を変えたい気持ちが沸々と頭をもたげる〟のに、〝いざ環境を変えるとよくないことが起こる〟という不思議な特色を持つ状態をいうのです。

Q 「魔六殺」と知らないで普通に暮らしていた年がありましたが、特に悪いことは起こりませんでした。あまり影響のない人もいるのでしょうか？

確かに、あまり影響がない人もいます。「魔六殺」の人で「あまり影響がない」人はどんな人かというと、そもそもの「欲が強くない」傾向があります。

意識する、しないにかかわらず、何かにつけて「私が私が」と、自分の欲望を満たそうとするのが大多数の人間の性《さが》です。ですが、まれに欲のない人もいて、そういう人は「魔六殺」の影響も受けづらくなるのです。

もしもあなたが「魔六殺」をなるべく平穏にやり過ごしたいのなら、この一年間は欲を極力捨てることです。新しい物事にチャレンジしたり、大きな買い物をしたりせず、自分磨きに励むなどしておとなしく過ごすことが大事です。

2024年「魔六殺」の人は何かを始めるより、目の前にある幸せに目を向けましょう

Part 2

２０２４年の神様に運を授かる

2024年・辰年はどんな年になる？

2023年の卯年《うどし》は、卯にくさかんむりをつけると「茆《ぼう》」という多年草になるように、草木がぼうぼうと生い茂り、生命が勢いづいた一年でした。

2024年の辰年《たつどし》はそこに陽気が入り、草木にさらなる成長の活力を与えてくれます。十二支時刻表でいうと辰年は、人々が活動を始める朝の7~9時の時間帯。**物事が進展する、成功が明確に見えてくる、そんな手応えを感じられる人も多いでしょう。**

しかし、辰年は成功をもたらしてくれるだけではありません。辰という字にてへんをつけると「振」という字になるように、私たちが「ふるいにかけられる」一年でもあるからです。「篩《ふるい》」とは左右に振ることで、網目を通して粒を選り分ける道具ですが、**辰年は上昇する人とそうでない人が選り分けら**

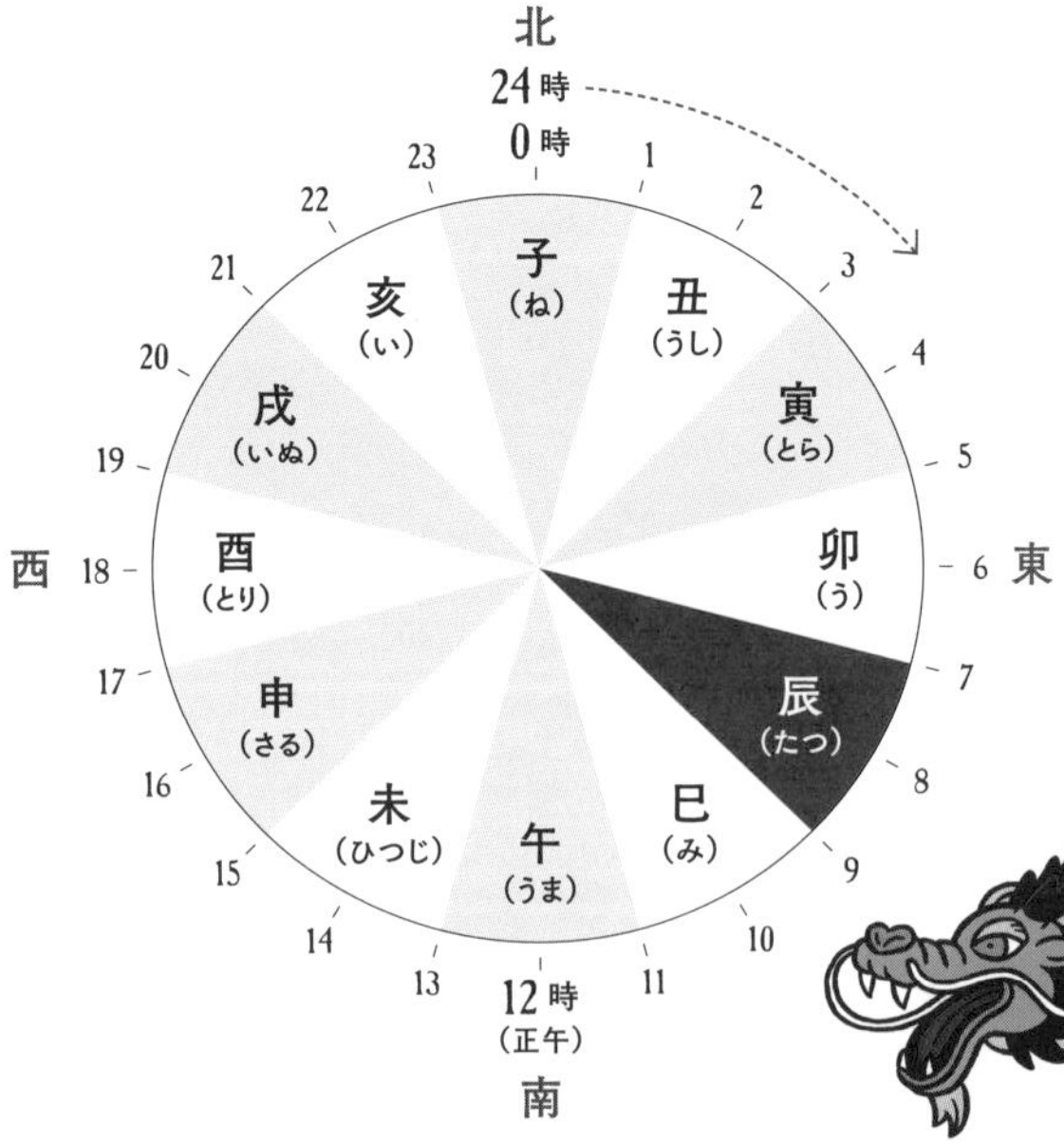

れ、**二極化してしまうような厳しさもある**のです。

辰、すなわち龍神様は上昇気流をもたらしますが、雨雲を呼び、大きな雷鳴を轟かせます。つまり、辰年はその人にとって衝撃的なことが起こりやすい一年でもあります。ですから2024年は「雷鳴が轟く」ことを心に留め置き、**何が起きても平常心でいられる自分になっておく**ことが大切です。「禍《わざわい》を転じて福と為す」ことができれば、龍神様がもたらす恵みの雨によって、大きな成長を遂げることができます。

2024年・辰年を象徴するキーワード

1. うだつを上げる

みなが一斉に飛び跳ねるような勢いを得られた卯年を経て、2024年の辰年は**「うだつが上がる人」と「うだつが上がらない人」で二極化していきます**。また、辰にあめかんむりをつけると「震」という字になるように、辰年は政治の大きな変化や天変地異が起こりやすい一年に。備えを怠らず、急な雷鳴にも平常心を保ち、怯える人たちに手を差し伸べることができれば、天と神様が味方をする「天佑神助《てんゆうしんじょ》」によって、うだつが上がる人になれます。

2. 勝って兜の緒を締める

2024年の十干《じっかん》十二支「甲辰《きのえたつ》」は「甲冑・兜」のイメージを持つため、運気を味方につければ勇猛果敢になり一気に成長できます。しかし、慢心すれば運気は下降するのでご注意を。**上り調子のときほど兜の緒を締め、慎重に行動する**ようにしましょう。なお、辰年は「反省」も重要なキーワードの一つなので、日々自分を省みることも忘れてはなりません。勝ったときこそ感謝の念を大切にすることが、一年を通して勝ち続けるための秘訣です。

3. 有名無力・無名有力

これは陽明学者である安岡正篤氏の言葉です。成功して有名になった人は仕事で忙しくなり、学ぶ時間がなくなって成長が止まってしまいます。一方、**無名の人たちは学びの時間を積み重ね、力をつけていくことができます**。辰年の一年は「ふるいにかけられる」とお伝えしましたが、うまくいかないときでも決して諦めないことが肝要です。コツコツと学びを積み重ねることができれば、それが自ずと力になり、運は大きく開けます。

2024年・辰年の神様は龍神様！

干支には、その年をお守りくださる守護《しゅご》本尊《ほんぞん》様があり、2024年の辰年は字のごとく、「龍神様」がその役割を担ってくださいます。龍神様は生命や地球のエネルギーの象徴で、天地を自由に動き回り、地球の平和が保たれるように自然環境を整え、守ってくださる存在。**地球をよりよくするために、人間たちに「一緒に考えてほしい」と一生懸命働きかけています。**

ですから、龍神様に好かれるための最低限のマナーとしてポイ捨ては厳禁です。辰年はいつにも増して環境や資源を大切にする暮らしを心がけるようにしてください。そうすれば財運向上、五穀豊穣、縁結び、健康長寿、病気平癒といった、龍神様の様々なご利益をいただくことができるでしょう。

龍は爪の数が多いほど位が高いとされ、5本爪の龍は皇帝のみが使用できた「皇帝龍」と呼ばれています。次いで4本爪の龍は貴族、3本爪の龍は民衆と、3つの階級に分かれていました。「鋭い爪で運を摑み離さない」強力な開運パワーも龍神様のなせるわざであり、これも龍神様が多くの経営者や富裕層に愛される理由の一つです。

色によって変わる龍神様のご利益

【金龍】

五行説《ごぎょうせつ》では「土」の中央を守護。お願い事全般にご利益があり、人生の開運を叶える、経営者に人気の龍神様。

【白龍】

五行説では「金」の西方を守護。金運、仕事運、結婚運アップにご利益あり。よい出会いを運んでくれる。

【黒龍】

五行説では「水」の北方を守護。人事円満、夫婦円満、家庭円満、健康運がご利益で、対人運全般によい。

【青龍】

五行説では「木」の東方を守護。芸能や芸事などの成長にご利益がある。表現者を目指す人を応援してくれる。

【赤龍】

五行説では「火」の南方を守護する龍神様。ご利益は、活力を与えてくれる、勝負運。ここぞというときの龍神様。

2024年

辰年に好かれる人物像

- 好奇心旺盛
- 大胆
- 愛情豊か
- 自分らしく生きている
- 神社が好き
- 素直
- 童心を忘れない
- 心が清らか
- ポジティブ
- 向上心がある

イメージは……
龍に乗った
ジャンヌ・ダルク！

大地に恵みの雨をもたらす龍神様は、**「人のために行動できる人」**や**「清らかな心を持った人」**が大好き。さらに、十干十二支の「甲辰」は、リーダーやトップを意味しますから、あなたも**「周囲の人たちをよりよい方向へ導くリーダー」**を目指しましょう。辰年は「登竜門」のような試練も起こりますが、飛行機も向かい風がないと飛べないように、私たちも逆風がないと成長できません。龍神様に愛されるリーダーになるべく努力を重ねれば、上昇気流に乗って大きな飛躍を遂げられます。

2024年

辰年に気をつけたいこと

◉自分も周りも **「イライラ」** が起こりやすい一年

◉耐え忍ぶだけはNG。今年は **「貝割れ大根」** になる

◉ **「困っている人」** は無視せず、手を差し伸べる

辰年は自分も周りもイライラしやすく、対人関係でも空気がピリつきがちです。**上司や先輩にイライラした態度をとると、龍の鱗のごとく「逆鱗《げきりん》」に触れてしまう可能性も。**自分の機嫌は自分で取りましょう。また、十干の「甲《きのえ》」は再び巡る10年の再スタートの位置にあたります。新芽に種皮が被った状態を表す甲は「耐え忍ぶこと」がテーマですが、リーダーが求められる一年なので耐え忍ぶだけは厳禁。「貝割れ大根」のように、**試練があっても上に上にと伸びていく努力**を忘れないようにしましょう。なお、自然と人間の調和を願う龍神様は**「自己中心的な人」が大嫌い。**己の利益だけを追い求めず、困っている人には手を差し伸べてください。

暴言を吐くと龍神様の
逆鱗に触れ、雷が落ちます。
年齢や立場を問わず、人には
誠実に向き合うことです

「龍神祈願法」で自宅に龍神様をお招きする

「龍神祈願法」とは？

龍神祈願法とは、強力なご利益を持つ龍神様を自宅にお招きして、自宅をパワースポットにする「風水」です。そもそも風水とは「運や福が風に乗って水につく」ことを意味します。例えば、京都の老舗料亭は玄関に打ち水をしますし、中国の富裕層の玄関には水槽や金魚鉢が置かれていますよね。水にはその場所を浄化する「邪気払い」に加え、「運を呼び込む」という役割があるからです。なお、龍神祈願法は一度きりで終わりではなく、何度か継続して行うことが大切です。

準備していただきたいこと

龍神祈願法を行う前に、台所、洗面所、お風呂、トイレなど、水回りを念入りに掃除してください。冷蔵庫は内側も拭き掃除しましょう。水回りが汚いと龍神様が寄りつかないだけでなく、悪い魔物が降りてきてしまうからです。次に寝室です。湿気や汚れは風水の大敵ですから、布団を干してシーツを交換しましょう。ちなみに、1週間毎日シーツを替えることは最強の開運アクションなので、「絶対に運気を上げたい！」ということこ一番の勝負どころでおすすめです。

1

邪気を払う「塩」を用意します

まずは邪気払いを行います。ベランダか玄関に一摑みの「塩」を撒き、場所を浄化します。約８分経過したら、ほうきとちりとりを使って塩を掃き取り、「ありがとう」という感謝の気持ちでゴミ箱に捨てましょう。

2

「水」を用意して塩を入れます

コップに塩ひとつまみときれいな水を入れ、その水をベランダか玄関に撒きます。事情があって水を撒けない場合は、ベランダか玄関の四隅の一つに、水に塩ひとつまみを入れたコップを置きましょう。

3

高貴な「香り」でさらに邪気払い

高貴な香りのお線香を焚くと邪気払いの効果を高め、香りが大好きな龍神様が降りてきやすくなります。おすすめは「白檀」の香り。願いを込めながら、お線香立てに丸く円状になるように、８本のお線香を立てましょう。

龍神様があなたに近づくと起こること

8という数字に縁が強くなる

龍神様があなたに近づくと、整理券の番号が8だった、靴箱の番号が8だったなど、「8」という数字とのご縁が強くなります。

虹を見る

引っ越しや転職など環境を変えたタイミングで「虹」を目撃したら、「これから運命が好転する」という龍神様からのメッセージです。

雨女・雨男になる

龍神様は恵みの雨をもたらす存在。あなたが最近「雨女・雨男」を自覚したのなら、龍神様に見守られ、成長できる一年になります。

風が急に強くなる、突風が吹く

雨や雷だけでなく「風」も呼び寄せる龍神様。参拝中に突風が吹いたり風が強くなってきたら、龍神様が近くにいらっしゃる証です。

COLUMN

不浄なところには「貧乏神」しかやってこない

風水では「運や福は風に乗って水につく」とお伝えしましたが、それと同様に、部屋を汚いままにしておいたり、水回りや玄関が汚れている家には、「貧乏神」がやってきて住み着いてしまいます。「家の不浄」はもちろんですが、貧乏神は人を貶《おとし》める人や意地悪な人を見つけるのも上手。つまり、「心の不浄」も貧乏神を呼び寄せることになります。

貧乏神との同居はなるべく避けたいところですが、運を授かりたいからといって自らの住環境や振る舞いを省みず、貧乏神だけを追い払おうとするのはよくありません。むかしばなしに登場する貧乏神はよく痩せ細った老翁《ろうおう》の姿で描かれますが、じつは女の子という説もあり、その姉は吉祥天である、ともいわれているからです。つまり、「貧乏神と福の神は姉妹」と捉えられることもあるのです。

日頃から家の中を清潔に保つこと。周りの人に誠意を尽くすこと。そうした日々の心がけや行いそのものを、貧乏神と福の神はしっかり見ていらっしゃることを覚えておきましょう。

龍神様に会いに 神社・お寺へ行こう

辰年の守護本尊・龍神様のご利益は、財運向上、五穀豊穣、縁結び、健康長寿、病気平癒とじつに多彩。つい色々と願い事をしたくなりますが、忘れてはならないことがあります。それは、**参拝の際に「反省を口に出してお伝えする」こと**。なぜなら、それこそが龍神様の教えだからです。同じ過ちを繰り返さないと決意すると、心が洗われ、「真実を見る目」を授かることができます。さらに、夢の中に龍神様が現れやすくなり、人生をよりよい方向に導いてくださるといわれています。

なお、「普《ふ》賢《げん》菩《ぼ》薩《さつ》様」も辰年の守護本尊ですが、「過去の罪を口に出して懺悔《ざんげ》せよ」という教えは龍神様と同じ。苛立った空気が蔓延しやすい辰年は、間違った方向へ引っ張られることも増えます。龍神様に手を合わせ、正しい成長へ導いてもらいましょう。

正しい参拝方法

◉鳥居で一礼
神社では鳥居の下で一礼してから、お寺では山門で一礼してからくぐりましょう。

◉手水舎《ちょうずや》でお清め
神社でもお寺でも、手水舎がある場合は、柄杓で水をすくい、手と口をすすいでお清めします。

◉お賽銭を入れる
お賽銭箱に賽銭をそっと入れます。大金でなくとも、感謝の気持ちを伝える金額で十分です。

◉手を合わせる
神社では二礼二拍手一礼を。お寺では柏手は打たず静かに合掌してから一礼しましょう。

レオン流・お祭りのすすめ

コロナ禍で中止となっていた日本各地のお祭りも、ようやく復活してきました。お祭りは本来、**一粒万倍日《いちりゅうまんばいび》よりもはるかにご利益をいただける、とっておきの「開運イベント」**ですから、運気を上げたい人はぜひ足を運びましょう。

屋台グルメを楽しむのもいいですが、ご利益を最大限にいただきたいなら、**お祭りに参加する前には必ず、お祭りをとり行う神社・お寺で「参拝」を済ませておくことです。**お祭りは神仏へのご奉仕の行事であり、神仏に喜んでいただくことが目的だからです。できれば参拝時、その神様・仏様の好物をお供えするとなお喜ばれます。辰年の神様・龍神様の好物は「卵」。お供えは自宅に持ち帰って食べると、縁起がよいとされています。

龍神様に会える おすすめの 神社・お寺

長野　戸《と》隠《がくし》神社

古くから龍神伝説があり、「天岩戸《あまのいわと》開き神話」にも由来する戸隠神社。奥社の隣には「九頭龍大神」をお祀りする九頭龍社があります。

東京　浅草寺

聖観世音菩薩《しょうかんぜおんぼさつ》を本尊とする浅草寺ですが、山号は「金龍山」。水を司る龍神様が守神で、至るところに龍神様を見ることができます。

東京　田無神社

金、白、黒、赤、青の五龍神をお祀りし、様々な願い事にご利益あり。御祭神は「尉殿大権現《じょうどのだいごんげん》」で、その姿は金龍神とされています。

神奈川　江島神社

江島神社の辺津宮《へつみや》付近には「銭洗白龍王」像があり、お金を洗うと種銭《たねせん》となってお金を呼び寄せるという、「白龍池」もあります。

神奈川　九頭龍《くずりゅう》神社

箱根神社の社領内にある九頭龍神社は、「九頭龍大神」を祀っています。金運守護、商売繁盛、縁結びにご利益がある龍神様です。

奈良　室生《むろう》龍穴《りゅうけつ》神社

奥宮には龍神の棲処があるとされ、古くから龍神伝説が残る室生龍穴神社。空海が修行したとされる伝説の修験道場《しゅげんどうじょう》でもあります。

奈良　春日大社 金龍神社

金龍神社は、春日大社にある若宮十五社のうちの一つ。金運・財運に強い神様、「金龍大神」をお祀りしています。

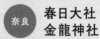

京都

貴船神社

水神をお祀りする貴船神社。全国2000社を数える水神の総本宮であり、奥宮本殿の下には龍の棲処とされる「龍穴《りゅうけつ》」があります。

京都

上賀茂神社 新宮《しんぐう》神社

上賀茂神社の境内奥地に鎮座する摂社で、水神「高龗神《たかおかみのかみ》」をお祀りする新宮神社。毎月第2・4日曜日のみ御開帳されます。

京都

八坂神社

本殿の下に青龍が棲むという伝説がある八坂神社。大神宮社の前には龍穴から湧き出るご神水「力水」を汲むことができます。

滋賀

竹生島《ちくぶしま》 宝厳寺《ほうごんじ》

琵琶湖に浮かぶ竹生島は古くから龍神信仰のある地。毎年6月14日は「龍神祭」が行われます。

※祭礼期間の参拝は完全予約制

島根

出雲大社

旧暦10月は神無月ですが、出雲は神在月《かみありづき》として「龍蛇神講大祭《りゅうじゃじんこうたいさい》」を開催。出雲に集う八百万神《やおよろずのかみ》を先導する「龍蛇神」が祀られています。

── 変化の年・辰年は「弁財天様」も味方にする ──

辰年は変化の年なので、変化運の神様・弁財天様への参拝もおすすめです。弁財天様の使いは蛇。蛇は脱皮して変化することから、弁財天様へ参拝することで変化運をいただけます。金運、立身出世、恋愛成就などにもご利益あり。開運祈願にぴったりの神様です。

日本五大弁財天

- 竹生島 宝厳寺 滋賀
- 江島神社 神奈川
- 厳島神社 広島
- 天河大辨財天社《てんかわだいべんざいてんしゃ》 奈良
- 金華山 黄金山神社 宮城

各地のおすすめ弁財天

- 白蛇弁財天 栃木
- 銭洗尾張弁財天
- 富吉神社 愛知
- 香椎宮《かしいぐう》弁財天社 福岡
- 脊振《せふり》神社 佐賀

2024年・開運のカギを知る

開運キーワード

・リーダーを目指す

・数字の「8」と「3」に縁が強くなる

龍神様が見守る辰年は、「リーダー」になることが一番の開運アクション。リーダー役は気が引けるという人は、ボランティアに参加するだけでも開運に繋がります。また、龍神様が近づくと「8」と縁が強くなります。九星気学で見ると2024年は「三碧木星《さんぺきもくせい》」ですから、「3」もラッキーナンバー。8と3を偶然目にする機会が増えたら、運気が好転する前触れです。

開運カラー

・ブルー

地球の使いである龍神様を象徴する色は「ブルー」です。龍神様とご縁が深い不動明王様（お不動様）も、そのお姿は鮮やかな青色で描かれることが多く、古くから青色は「神様と繋がる色」とされています。日常生活に青色のものを取り入れたり、普段のお参り、または特別参拝のときに、青色の服を着ていくのもおすすめ。ただし、伊勢神宮の「御垣内《みかきうち》参拝」など、特別参拝では「フォーマルな服装」を定める神社もあるので、事前に調べてから行くとよいでしょう。

開運アイテム

・音が鳴るもの
・龍や鯉のアイテム

ゴロゴロと天に雷を轟かせる龍神様にちなんで、2024年は鈴や鐘など「音が鳴るもの」全般が開運アイテム。鈴を身につけたり、部屋に風鈴を飾るのもいいです。神社は拝殿前に本坪鈴《ほんつぼすず》があり、お寺には梵《ぼん》鐘《しょう》がありますので、もちろん神社仏閣も辰年の開運スポットです。

龍の絵や置き物、さらに昇り鯉が龍神となる伝説もあることから「鯉」のモチーフも吉。男の子がいるご家庭はぜひ端午の節句に鯉のぼりを飾りましょう。龍神様がお喜びになり運気を授かることができます。

開運スポット

・龍神様がいる神社
・湖

2024年の最強開運スポットは、やはり龍神様がいらっしゃる神社です。龍神様は昔から庶民に愛されてきた神様で、「人間と協力して地球をよくしたい」と見守ってくださっています。辰年は運も掴みやすいですが、そのぶん試練も起こるため、龍神様と手を携え、平和と安寧を願う気持ちで参拝しましょう。

また、龍神様は水神ですから、「水がきれいな大きな湖」も、2024年の開運おでかけスポットです。旅行やレジャーでは、ぜひご自分の吉方位にある湖に出かけてみてください。

2024年の神様・龍神様は
リーダーを目指す人を
応援してくれるバイ！

Part 3

2024年の開運日を味方につける

「開運日」を活かして幸運を呼び寄せる

あなたは普段生活していて、「今日はどんな日か？」を意識しているでしょうか。じつは、日本は昔から「物事を始めるのによい日」「勝負事に強い日」など、干支や方位、六曜や九星術を駆使してその日の吉凶を占い、行動の指針としてきました。昨今では、開運日の一つ「一粒万倍日」がよく知られていますが、私がテレビで紹介したときにはここまで浸透していませんでした。ですから、「一粒万倍日」がこうして多くの人の生活の一部になったことを、とても嬉しく感じています。

もちろん、私たちの開運招福をサポートしてくれる吉日は「一粒万倍日」だけではありません。目的に応じた開運日を活用すれば、物事を進めるのに〝障《さわ》りがない〟だけでなく、目的を円滑に成し遂げる後押しもしてくれますので、ぜひ暮らしの中に開運日を取り入れてみてください。なお、本書では２０２４年に６回訪れる、16日間の開運期間「天一天上《てんいちてんじょう》」についてもじっくりお伝えします。長期の旅行、引っ越し、大事な契約などの計画を立てる際に、参考にしていただけたらと思います。

開運日とその意味を知る

天赦日《てんしゃにち》

すべての障害が取り除かれるため、「物事を始める」のに最適な日。結婚式、独立起業、告白など、人生の節目を後押ししてくれる。

一粒万倍日《いちりゅうまんばいび》

小さなものが大きく育つとされ、「成果を得ること」を始めるのにおすすめ。財布の新調、転職、商売の開業日にも向いている。

寅《とら》の日

旅立ちに向いている日。「お金が返ってくる」意味もあり、金運にまつわること全般によい。出資、大きな買い物、宝くじなど。

巳《み》の日

芸術・芸能・勝負事・学力・学問、および財運を向上する日。一粒万倍日同様、財布の新調や転職にもよく、参拝日にもおすすめ。

己《つちのと》巳《み》の日

金運・財運・変化運に縁起がよく、巳の日よりも強いパワーがある。財布の新調、開業、宝くじなど。60日に１回しか訪れない開運日。

天恩日《てんおんにち》

すべての人に天からの恩恵が注がれ、福が訪れる開運日。お祝い事全般や、お墓参り、断捨離などに向いている。

大明日《だいみょうにち》と母倉日《ぼそうにち》

大明日は、太陽が隅々まで明るく照らすかのように、すべての物事がうまくいく吉日。母倉日は様々な慶事を行うのによい日とされる。

この大明日・母倉日が重なる日は何事にも吉であり、特に婚姻関係は大吉とされる。入籍や結婚式、プロポーズにもおすすめの開運日。

不成就日《ふじょうじゅび》

何事もうまくいきづらい日。新しいことを始めるには向かない日なので、入籍や開業など、大事な決断も避けた方がよいとされる。

開運期間「天一天上」に降りてくる日遊神様に運を授かる

天一天上とは？

「天一天上」とは、方角を守る十二神将の主将「天一神《てんいちじん》」が天に昇る期間のことで、2024年は6回巡ってきます。天一神は天と地を行き来して「行ってはいけない方角」を監視していますが、天一神が天に昇ると凶方位がなくなり、「全方位が吉」となるため、旅行に最適な期間になります。各方位の効果も参考に旅先を選べば、願い事も叶いやすくなるでしょう。

- 東：仕事運、人気運、アイデア力
- 西：金運、援助運、スタミナ向上
- 南：試験合格、昇給昇進、地位名誉運
- 北：子宝運、縁結び、悪縁切り

ただし、「不成就日」が重なる日は天一天上でも注意が必要。心置きなく楽しむなら、不成就日を避けて旅程を組むことです。

日遊神《にちゆうしん》様とは？

「天一天上」の期間、天一神の代わりに地上に降りてくるのが「日遊神」です。この神様は何より不浄を嫌うため、部屋が汚れていると祟りをもたらすといわれています。そのため、「天一天上」に旅行やおでかけの予定がない場合は、断捨離したり、いつもより念入りに掃除をして日遊神様をお迎えすると開運に繋がります。

日遊神様は金運にも強く、他の金運アップの開運日（寅の日、巳の日、己巳の日など）と重なる日はご利益もパワーアップ。その日を選んで龍神様にお参りすれば、さらに強力な金運をいただけます。また、日遊神様は「エンジョイすること」もお喜びになるので、「天一天上」期間は思いっきり楽しむことも日遊神様の運を授かる秘訣です。

日遊神様が降りてくる天一天上の期間

2023年	10月2日（月）～10月17日（火）
	12月1日（金）～12月16日（土）
2024年	1月30日（火）～2月14日（水）
	3月30日（土）～4月14日（日）
	5月29日（水）～6月13日（木）
	7月28日（日）～8月12日（月）
	9月26日（木）～10月11日（金）
	11月25日（月）～12月10日（火）

「天一天上」は16日間。
日遊神様は楽しむ人が
大好きなので、ちかっぱ
エンジョイしましょう！

※2023年（10月・12月）は「天一天上」であっても「北」は凶方位のままです。

天一天上の期間にやるといいこと

旅行・おでかけ

気をつけるべき方角が存在しないので、旅行やおでかけに最適。この期間の最終日までに旅行に出発できれば、旅行日程が天一天上期間を過ぎても開運の効果は得られます。なお、「天一天上」の期間に「旅先で見かけると縁起がよい」とされる生き物もいます。例えば、【蛇】や【鯉】は龍神様と縁が深く健康長寿にご利益あり。【カエル】は子孫繁栄・仕事運上昇、【とんぼ】は勝負運、【ヤモリ】は家族運、【カニ】は厄除け、など。これらの生き物が旅先で自然と近づいてきたら、間もなく幸運が訪れる合図です。

引っ越し・掃除

「天一天上」の期間は全方位が吉となり、縁起がよい日になります。引っ越しを考えているならこの期間に合わせると、万事障りなく進むでしょう。また、日遊神様は不浄なところが大嫌いなので、部屋の掃除も念入りに行うと吉。

お米を食べる

日遊神様は日本酒とお米が大好き。「天一天上」は日遊神様に日本酒を捧げてから飲むと喜ばれます。ダイエットで糖質制限している方もいるかもしれませんが、この期間はお米をいつもより多めに食べると開運に繋がります。

天一天上の期間に気をつけたいこと

ケンカや訴訟を起こす

「天一天上」が始まる最初の日は、訴訟や口論、談判などの「争い事は避けるべし」とされています。日遊神様はケンカが大嫌いなのです。

汚いままの部屋で過ごす

日遊神様は不浄な場所には祟りをもたらすともいわれています。水回りが汚れているのは特にNG。「天一天上」は徹底的に掃除をしましょう。

開運日カレンダー

<< 2023

12月	11月	10月
1 金 巳の日	1 水	1 日 大明日・母倉日
2 土 不成就日	2 木 天恩日	2 月 巳の日 不成就日
3 日	3 金 天恩日	3 火
4 月	4 土 寅の日 天恩日	4 水 大明日・母倉日
5 火 一粒万倍日	5 日 天恩日	5 木 一粒万倍日
6 水 一粒万倍日	6 月 天恩日	6 金
7 木 一粒万倍日	7 火 巳の日 己巳の日 大明日・母倉日	7 土
8 金 一粒万倍日	8 水 不成就日	8 日
9 土	9 木	9 月
10 日 寅の日 不成就日	10 金 大明日・母倉日	10 火 不成就日
11 月	11 土 一粒万倍日 大明日・母倉日	11 水 寅の日
12 火	12 日 一粒万倍日	12 木
13 水 巳の日	13 月	13 金
14 木	14 火	14 土 巳の日 大明日・母倉日
15 金	15 水	15 日 一粒万倍日 大明日・母倉日 不成就日
16 土	16 木 寅の日 不成就日	16 月
17 日 天恩日 大明日・母倉日 不成就日	17 金 天恩日	17 火 天赦日
18 月 天恩日	18 土 天恩日	18 水 一粒万倍日 天恩日
19 火 一粒万倍日 天恩日	19 日 巳の日 天恩日	19 木 天恩日
20 水 一粒万倍日 天恩日	20 月 天恩日	20 金 天恩日
21 木 天恩日	21 火 天恩日	21 土 天恩日
22 金 寅の日	22 水 大明日・母倉日	22 日 天恩日
23 土	23 木 一粒万倍日	23 月 寅の日 不成就日
24 日	24 金 一粒万倍日 不成就日	24 火
25 月 巳の日 不成就日	25 土	25 水
26 火	26 日	26 木 巳の日
27 水	27 月	27 金 一粒万倍日 大明日・母倉日
28 木 大明日・母倉日	28 火 寅の日	28 土
29 金 大明日・母倉日	29 水	29 日
30 土	30 木	30 月 一粒万倍日
31 日 一粒万倍日		31 火 不成就日

■…天一天上期間　…天赦日　…一粒万倍日　…寅の日　…巳の日　…己巳の日　…天恩日　…大明日・母倉日　…不成就日

‹‹2024

3月	2月	1月
1 金 天恩日	1 木 不成就日 [天一天上期間]	1 月 天赦日 一粒万倍日 天恩日
2 土 一粒万倍日 天恩日	2 金 [天一天上期間]	2 火 天恩日 不成就日
3 日 寅の日 天恩日	3 土 [天一天上期間]	3 水 寅の日 天恩日
4 月 天恩日	4 日 [天一天上期間]	4 木 天恩日
5 火 天恩日	5 月 [天一天上期間]	5 金 天恩日
6 水 巳の日 己巳の日	6 火 [天一天上期間]	6 土 巳の日 己巳の日 大明日・母倉日
7 木 不成就日	7 水 一粒万倍日 [天一天上期間]	7 日 大明日・母倉日
8 金	8 木 寅の日 [天一天上期間]	8 月
9 土	9 金 不成就日 [天一天上期間]	9 火
10 日 一粒万倍日	10 土 [天一天上期間]	10 水 不成就日
11 月 不成就日	11 日 巳の日 [天一天上期間]	11 木
12 火	12 月 一粒万倍日 不成就日 [天一天上期間]	12 金
13 水	13 火 [天一天上期間]	13 土 一粒万倍日
14 木	14 水 [天一天上期間]	14 日
15 金 天赦日 一粒万倍日 寅の日	15 木 天恩日	15 月 寅の日
16 土 天恩日	16 金 天恩日	16 火 一粒万倍日 天恩日 不成就日
17 日 天恩日	17 土 天恩日 大明日・母倉日	17 水 天恩日
18 月 巳の日 天恩日	18 日 天恩日	18 木 巳の日 天恩日
19 火 天恩日 不成就日	19 月 一粒万倍日 天恩日	19 金 天恩日 大明日・母倉日
20 水 天恩日	20 火 寅の日 不成就日	20 土 天恩日
21 木	21 水	21 日
22 金 一粒万倍日	22 木	22 月
23 土	23 金 巳の日	23 火
24 日 大明日・母倉日	24 土 一粒万倍日	24 水 不成就日
25 月	25 日	25 木 一粒万倍日
26 火	26 月	26 金
27 水 一粒万倍日 寅の日 不成就日	27 火	27 土 寅の日
28 木	28 水 不成就日	28 日 一粒万倍日
29 金	29 木	29 月
30 土 巳の日 [天一天上期間]		30 火 巳の日 [天一天上期間]
31 日 [天一天上期間]		31 水 [天一天上期間]

■…天一天上期間
…天赦日
…一粒万倍日
…寅の日
…巳の日
…己巳の日
…天恩日
…大明日・母倉日
…不成就日

6月	5月	4月
■1 土	1 水 天恩日	■1 月
■2 日	2 木 寅の日、天恩日	■2 火
■3 月	3 金 一粒万倍日、天恩日、不成就日	■3 水 一粒万倍日
■4 火 不成就日	4 土 天恩日	■4 木 不成就日
■5 水	5 日 巳の日、己巳の日	■5 金
■6 木	6 月	■6 土 一粒万倍日
■7 金 寅の日、大明日・母倉日	7 火	■7 日
■8 土	8 水	■8 月 寅の日
■9 日	9 木	■9 火 一粒万倍日、不成就日
■10 月 一粒万倍日、巳の日、不成就日	10 金	■10 水
■11 火 一粒万倍日	11 土 不成就日	■11 木 巳の日、大明日・母倉日
■12 水	12 日	■12 金 大明日・母倉日
■13 木	13 月	■13 土
14 金 天恩日	14 火 寅の日	■14 日
15 土 天恩日	15 水 一粒万倍日、天恩日、大明日・母倉日	15 月 天恩日
16 日 天恩日	16 木 一粒万倍日、天恩日	16 火 天恩日
17 月 天恩日	17 金 巳の日、天恩日	17 水 天恩日、不成就日
18 火 天恩日、不成就日	18 土 天恩日	18 木 一粒万倍日、天恩日
19 水 寅の日	19 日 天恩日、不成就日	19 金 天恩日
20 木	20 月	20 土 寅の日
21 金	21 火	21 日 一粒万倍日
22 土 一粒万倍日、巳の日	22 水	22 月
23 日 一粒万倍日	23 木	23 火 巳の日
24 月	24 金	24 水 大明日・母倉日
25 火	25 土	25 木 不成就日
26 水 不成就日	26 日 寅の日	26 金
27 木	27 月 一粒万倍日、不成就日	27 土
28 金	28 火 一粒万倍日	28 日
29 土 天恩日	■29 水 巳の日	29 月
30 日 天恩日	■30 木 天赦日	30 火 一粒万倍日、天恩日
	■31 金	

■…天一天上期間　天赦日　一粒万倍日　寅の日　巳の日
己巳の日　天恩日　大明日・母倉日　不成就日

9月	8月	7月
1 日 天恩日	1 木 一粒万倍日 ■	1 月 寅の日 天恩日
2 月 巳の日 己巳の日	2 金 ■	2 火 天恩日
3 火	3 土 ■	3 水 天恩日
4 水 一粒万倍日 大明日・母倉日 不成就日	4 日 ■	4 木 一粒万倍日 巳の日 己巳の日 不成就日
5 木	5 月 ■	5 金 一粒万倍日
6 金	6 火 寅の日 不成就日 ■	6 土
7 土	7 水 ■	7 日
8 日	8 木 大明日・母倉日 ■	8 月 一粒万倍日
9 月	9 金 巳の日 ■	9 火
10 火 大明日・母倉日	10 土 ■	10 水
11 水 寅の日	11 日 一粒万倍日 大明日・母倉日 ■	11 木 不成就日
12 木 一粒万倍日 天恩日 不成就日	12 月 天赦日 ■	12 金
13 金 天恩日	13 火 天恩日	13 土 寅の日
14 土 巳の日 天恩日	14 水 天恩日 大明日・母倉日 不成就日	14 日 天恩日
15 日 天恩日	15 木 天恩日	15 月 天恩日
16 月 天恩日	16 金 一粒万倍日 天恩日	16 火 巳の日 天恩日
17 火 一粒万倍日	17 土 天恩日	17 水 一粒万倍日 天恩日 大明日・母倉日
18 水	18 日 寅の日	18 木 天恩日
19 木	19 月	19 金 不成就日
20 金 不成就日	20 火 大明日・母倉日	20 土 一粒万倍日
21 土	21 水 巳の日	21 日
22 日	22 木 不成就日	22 月
23 月 寅の日	23 金 一粒万倍日 大明日・母倉日	23 火
24 火 一粒万倍日	24 土	24 水
25 水 大明日・母倉日	25 日	25 木 寅の日
26 木 巳の日 ■	26 月	26 金
27 金 ■	27 火	27 土 不成就日
28 土 大明日・母倉日 不成就日 ■	28 水 一粒万倍日 天恩日	28 日 巳の日 ■
29 日 一粒万倍日 ■	29 木 天恩日	29 月 天赦日 一粒万倍日 ■
30 月 ■	30 金 寅の日 天恩日 不成就日	30 火 ■
	31 土 天恩日	31 水 ■

■…天一天上期間
…天赦日
…一粒万倍日
…寅の日
…巳の日
…己巳の日
…天恩日
…大明日・母倉日
…不成就日

12月	11月	10月
1 日 ■	1 金 巳の日 己巳の日 大明日・母倉日	1 火 ■
2 月 ■	2 土 一粒万倍日 大明日・母倉日	2 水 ■
3 火 ■	3 日	3 木 ■ 不成就日
4 水 ■ 寅の日	4 月 不成就日	4 金 ■
5 木 ■ 不成就日	5 火 一粒万倍日	5 土 ■ 寅の日
6 金 ■	6 水	6 日 ■ 一粒万倍日
7 土 ■ 巳の日	7 木	7 月 ■ 大明日・母倉日
8 日 ■	8 金	8 火 ■ 巳の日 大明日・母倉日
9 月 ■	9 土	9 水 ■ 一粒万倍日 大明日・母倉日
10 火 ■	10 日 寅の日	10 木 ■
11 水 天恩日 大明日・母倉日	11 月 天恩日	11 金 ■ 天赦日 不成就日
12 木 天恩日	12 火 天恩日 不成就日	12 土 一粒万倍日 天恩日
13 金 一粒万倍日 天恩日 不成就日	13 水 巳の日 天恩日	13 日 天恩日
14 土 一粒万倍日 天恩日	14 木 天恩日	14 月 天恩日
15 日 天恩日	15 金 天恩日	15 火 天恩日
16 月 寅の日	16 土 大明日・母倉日	16 水 天恩日
17 火	17 日 一粒万倍日	17 木 寅の日
18 水	18 月 一粒万倍日	18 金
19 木 巳の日	19 火	19 土 不成就日
20 金	20 水 不成就日	20 日 巳の日
21 土 不成就日	21 木	21 月 一粒万倍日 大明日・母倉日
22 日 大明日・母倉日	22 金 寅の日	22 火
23 月 大明日・母倉日	23 土	23 水
24 火	24 日	24 木 一粒万倍日
25 水 一粒万倍日	25 月 ■ 巳の日	25 金
26 木 天赦日 一粒万倍日 天恩日	26 火 ■	26 土
27 金 天恩日	27 水 ■	27 日 天恩日 不成就日
28 土 寅の日 天恩日	28 木 ■ 不成就日	28 月 天恩日
29 日 天恩日 不成就日	29 金 ■ 一粒万倍日	29 火 寅の日 天恩日
30 月 天恩日	30 土 ■ 一粒万倍日	30 水 天恩日
31 火 巳の日 己巳の日		31 木 天恩日

■…天一天上期間
…天赦日
…一粒万倍日
…寅の日
…巳の日
…己巳の日
…天恩日
…大明日・母倉日
…不成就日

運命は変えられます

２０２３の卯年、話題になったものの一つに、対話型の生成ＡＩがあります。私たちを取り巻くテクノロジーは目覚ましい発展を遂げており、そのスピードを緩めることはないでしょう。そうした便利な技術を享受することは悪いことではありませんが、「自分の頭で考える力」「自分の心で感じる力」も、ぜひ鍛え続けていただきたいと思っています。なぜなら、神様は学び続ける人、人の痛みに寄り添える人、そして挑戦し続ける人を応援してくださるからです。

日本は古《いにしえ》より、山、木、岩、川など、大いなる自然を信仰の対象にしてきました。しかし、デジタル社会が加速する今、神様の声が一人ひとりに届きにくくなっていると感じます。２０２４年の守護本尊は、あまねく地球の自然をお守りくださる「龍神様」ですから、ときにはデジタル機器を手放し、雄大な自然の中で童心に返ることも、神様からのメッセージをいただきやすくする方法です。

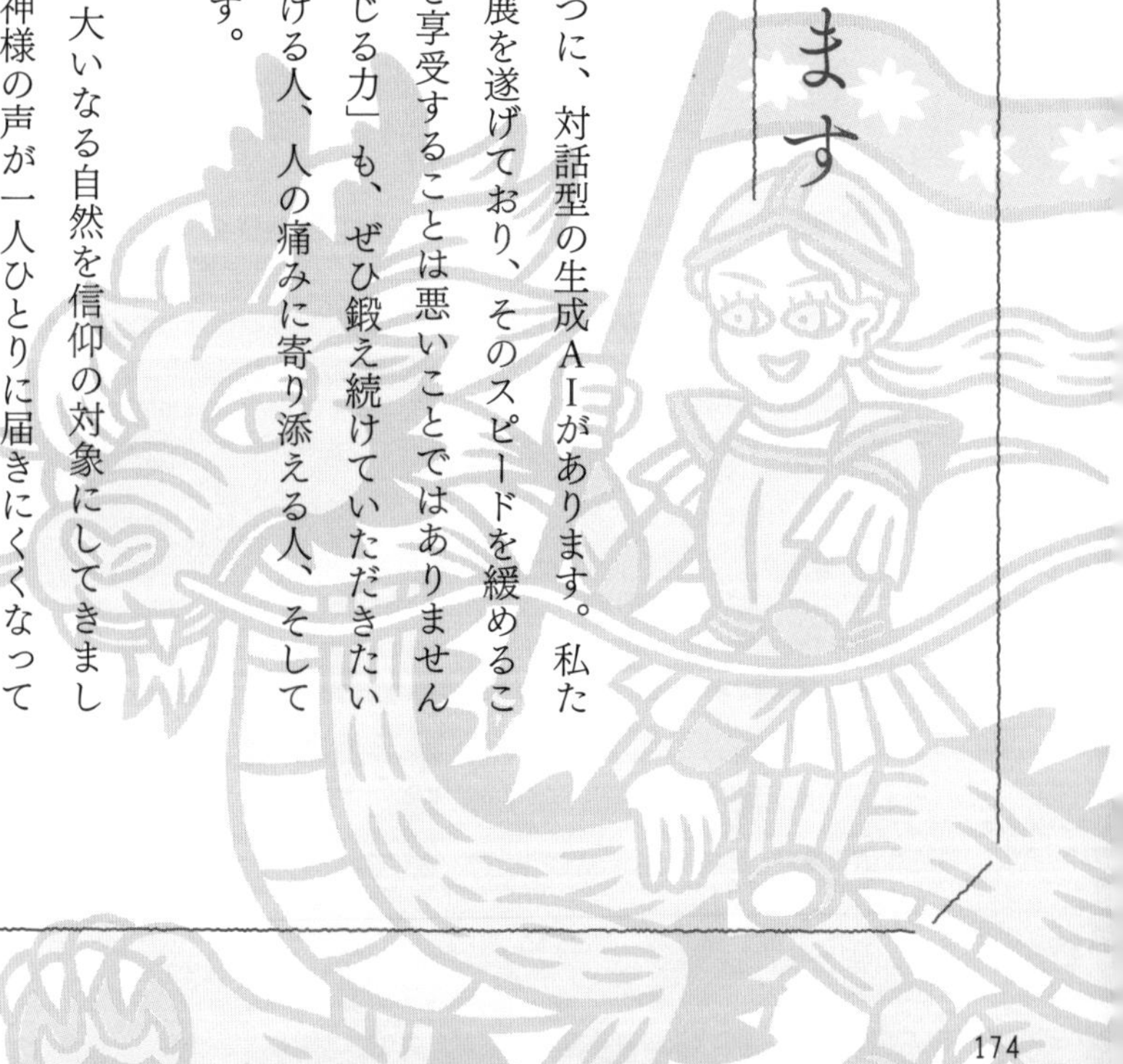

なお、今回は開運期間の「天一天上」と「日遊神様」についてもお伝えしました。この期間は旅行に適しているだけでなく、お参りやお祭りにも吉日です。政治の大きな変化や、天変地異にも気を引き締めておきたい辰年ですが、心に不安や迷いが生じたら、お近くの龍神様がいらっしゃる神社・お寺、そしてお祭りにでかけてみてください。天一天上に祈りを捧げることで、より一層ぶれない決意や志を得ることができます。そうすれば龍神様の試練、「登竜門」も難なく突破し、「うだつが上がる」人になれるでしょう。

あなたの願いが龍神様に届き、大きな飛躍の一年になることを祈っています。

やっぱ愛やろ！

木下レオン

【公式】
木下レオン 帝王数

【公式】
木下レオン 帝王占術

木下レオン　Reon Kinoshita

占術家。福岡県出身。占い師一家に育ち、幼少期よりさまざまな占いを学ぶ。「四柱推命」「九星気学」「神通力」をベースに、帝王学と仏教の原理を組み合わせたオリジナル占術である「帝王占術」を編み出す。10年以上の会社員生活の後、飲食店を経営する傍ら、お店で無料占いを行い、その的中率が大評判に。「努力と占いで運命は変えられる」という持論のもと、多くの悩める人たちを救ってきた。さらに精進すべく修行をし、得度を受けて僧侶となる。フジテレビ系『突然ですが占ってもいいですか？』で人気を博し、芸能界でも占ってほしいというファンが多い。著書に『木下レオンの今日から開運体質』（主婦の友社）、『木下レオンの帝王占術 あなたには幸せな未来がある』（宝島社）など。

ホームページ：https://king-reon.jp
占い：https://kinoshita-reon.jp
Instagram：@reon_japan

Staff

装丁
山田知子＋chichols

編集協力
テレシスネットワーク株式会社
株式会社レンサ

イラスト
オザキエミ

撮影
大坪尚人（講談社写真映像部）

ヘア＆メイク
三輪昌子

編集
金澤英恵

木《きの》下《した》レオンの
絶《ぜっ》対《たい》開《かい》運《うん》 帝《てい》王《おう》占《せん》術《じゅつ》 2024

2023年10月3日　第1刷発行

著者　木下《きのした》レオン

発行者　清田則子
発行所　株式会社　講談社
〒112-8001　東京都文京区音羽2-12-21
編集　03-5395-3814
販売　03-5395-3606
業務　03-5395-3615

印刷所　株式会社新藤慶昌堂
製本所　株式会社国宝社

ISBN 978-4-06-533380-8